こうやって頭のなかを言語化する。

コピーライター
荒木俊哉

PHP

この本を読むと
人の心をつかむ言葉が
瞬時に出てくるようになる。

「今日からコピーライターをやってほしい」

２００６年。
そう言われた瞬間から
苦悩の日々がはじまった。

同世代のコピーライターは
言語化力がずば抜けていた。
言葉のセンスも抜群だった。

言葉について
なんの取り柄もない自分。

しかも、
かなりのあがり症で
会議でちょっと発言するだけで
顔が真っ赤になった。

まわりは次々と
大きな仕事を任される。
広告賞を受賞していく。

このままでは
異動させられる……。

崖っぷちだった。

どうすればいいかわからず
先輩コピーライターのまねをした。

ひたすら、まねして、
まねして、まねしていると、
少しずつ身についてくる
「なにか」があった。

その「なにか」によって、

コピーを書くスピードが格段に上がった。
企画書をつくる時間が大幅に短くなった。

会議で堂々と発言できるようになった。
上司や会社からの評価が自然と上がった。

好きな映画やドラマの魅力を
自分の言葉で話せるようになった。

講演やセミナーの機会をもらい
手探りで編みだした言語化の方法を
1000人以上の人に実際に体験してもらった。

いい点、やりにくい点、疑問点などの
フィードバックを山のようにもらった。

それは**宝の山**だった。

もらった生の声を活かして
約1年という時間をかけ
新しい言語化メソッドを開発した。

それが本書の**「言語化ノート術」**。

まさに言語化に悩む1000人以上の人と
いっしょにつくりあげたメソッドだ。

そもそも言語化力は
だれにでも必ず
身につけられる能力だ。

言語化を習慣にすること。

これができれば……だ。
ただ、これが本当に難しい。

そこで本書の言語化メソッドは、
とにかく時間をかけずにできる
超シンプルな設計になっている。

とにかく**5日間だけ**やってみてほしい。

そのとき、あなたは確実に変わっている。

こうやって頭のなかを言語化する。

はじめに

あなたには、こんな経験がありませんか？

面接で頭が真っ白になって、完全にフリーズしてしまったこと。夜、ふとんに入った瞬間にその場面を思い出して、なかなか寝つけなかったこと。

会議で急に質問が飛んできて、あせって、考えがまとまらないまま話しはじめてしまったこと。途中から自分でもなにを言っているのかわからなくなり、どうでもいい話をダラダラとしてしまったこと。

パートナーと喧嘩《けんか》になったとき、自分の気持ちをうまく言葉にできなくて、無言になってしまったこと。「都合が悪くなると、いつも黙るよね」と言われて、さらに落ちこんでしまったこと。

自分の頭のなかのことなのに、なぜか言葉にできない。もどかしい……。

私自身、そんな悔しい思いを何度もしてきました。

◉言語化にセンスや才能は関係ない

なぜ、多くの人が、言語化に苦手意識を持っているのでしょうか？

その答えはシンプルで、**言語化する方法について一度も教わっていないから**です。

授業の科目に「国語」はあっても「言語化」はありません。

会社でも「社会人マナー」や「ＩＴスキル」の研修はあっても、「言語化」の研修をやっているという話は聞いたことがありません。

「こうやって頭のなかを言語化すればいいよ」と教えてくれる先生や先輩も、少なくとも私のまわりにはいませんでした。

私たちは、だれからも言語化力を身につける方法を教わることなく、これまで生きてきたのです。だから、とても苦労する。

今、あなたは、そのような状況にいるので、言語化に苦手意識があるのは仕方ありません。今日からいっしょに学んで、身につけていきましょう。

本書は、言語化力アップのための具体的な方法を、基礎の基礎から丁寧にお伝えしていくものです。

のちほどご紹介する「**言語化ノート術**」を習慣にするだけで、あなたの言語化力はぐんぐんアップしていきます。

もし、あなたが「言語化のうまい人は、センスや才能があるんでしょ?」「頭の回転が速いんでしょ?」と思っているとしたら、それは誤解です。

言語化力は、だれにでも必ず身につけられる「**能力**」です。正しい方法を習得すれば、やればやったぶんだけ確実に身につく力といえます。

もちろん、あなたも身につけられます。**センスや才能は関係ありません。**

なぜ、そう断言できるのかというと、私もかつて、あなたのように言語化することに苦手意識があり、ずっと悩んできたからです。

今でこそ、このような本を書いていますが、冒頭でふれたように、もともと言葉のセンスや才能があったわけではありません。

同世代のコピーライターが活躍する姿を横目で見ながら、悶々《もんもん》とした日々を過ごしていました。

◉ダメコピーライターが劇的に変わった瞬間

そんな私が、気がつけば約20年、コピーライターという言葉の専門家として仕事を続けることができ、今では多くの成果も出せるようになりました。

それは、なぜか？

理由の1つは、本書のメソッドで、日々、言語化力を磨いているからです。

さきほどお伝えしたように、言語化力は、やればやったぶんだけレベルアップしていく能力なので、続けるだけで、どんどん力がついていきます。

そのメソッドの具体的なやり方については、第3章以降で、くわしくお話ししていきます。1日3分&3ステップで実践可能なので、あなたも無理なく習慣化できるはずです。


そして、もう1つ、ある発見が私を大きく変えてくれました。

それが「**言語化力のベースは『聞く力』にある**」という気づきです。

意外かもしれませんが、言語化力の高い人は、例外なく聞く力も高い。

言語化力を身につけていくうえで「聞く力」が最大のポイントになる、といっても過言ではありません。


この事実に気づいて以来、私自身、日々の仕事やプライベートで、聞くことについてあらためて意識したり、聞き方の工夫を重ねたりしてきました。

そうやって、聞くことにまつわる試行錯誤を繰り返すなかで、さらに言語化力が飛躍的に向上していくのを実感しています。


その結果、多くの仕事を任せてもらえるようになりました。

これまでにたずさわった広告のプロジェクトの数は**100**をこえています。

また、国際的なビッグイベントのコンセプトづくりや、企業のミッション・ビジョン・バリューの策定など、広告という領域をこえて仕事の幅が広がっていき、ありがたいことに**5大陸20カ国以上**で仕事をさせていただいています。

さらに、数々のすばらしいクライアント、チームメンバーにも恵まれて、**世界三大広告賞のCannes LionsとThe One Showのダブル入賞**をはじめ、国内外で**20以上**の賞を獲得することもできました。

なぜ、結果を出せなかった私が、急に変わることができたのか？
なぜ、聞く力が言語化最大のポイントになるのか？
その理由について、さっそく第1章でお話ししていきましょう。

CONTENTS

こうやって頭のなかを言語化する。

第2章 こうやって自分の話を聞いていく

第3章 一瞬で思考がまとまる超効率メソッド

第4章

実践「言語化ノート術」5日間体験

第5章 「言語化体質」になれば、うまくいく

第1章

言語化力の高い人がやっていること

言語化力アップのために本当に必要なこと

頭のなかを言語化する具体的メソッドをご紹介する前に、この第1章では、言語化力について、世の中ではほとんど語られていない大前提をお伝えします。

大前提 言語化力のベースは「聞く力」にある。

言語化力というと「話す力」「伝える力」「書く力」といったものに近いと思われがちですが、「はじめに」でもお伝えしたように、実は「**聞く力**」がもっとも必要だと私は考えています。

ですが、言語化力と聞く力は、一見、かなり離れていますよね。

どのように、この2つが関係しているのでしょうか?

本書の重要ポイントですので、まずは、ここから丁寧にお話ししていきます。

◉言語化力の高い人は、話を聞くのがうまい

あなたは、「聞く力」という言葉から、どんなことをイメージするでしょうか?

たとえば、仕事の場面。ここ数年、どんな組織においても、相手の話を「聞く姿勢」が大切と言われています。

リーダーの立場にある人が、「若手の話をちゃんと聞こう」「傾聴のスキルを身につけよう」「もっとメンバーが積極的に発言できる機会をつくろう」などと求められるのは、私の働く会社だけではないはずです。

そういえば、スポーツの世界でも「いい監督は、聞き上手」なんて話を耳にすることがよくあります。

聞く力が求められるのは、仕事の場面だけではありません。

たとえば、パートナーとの関係。「話をちゃんと聞いてくれるパートナーは、いいパートナーだ」と言われて違和感を持つ人は少ないと思います。
また、子育てをしている人であれば、「子ども本人の思いや意見を、ちゃんと聞くようにしたい」と考える人は、きっと多いはずです。

このように、聞く力という言葉から一般的にイメージされるのは、「**相手**」の話をちゃんと聞く、ということがほとんどです。
話を聞く相手は、同僚だったり、部下だったり、クライアントだったり、家族だったり、友人だったりと、すべて自分ではない「**他人**」です。
今、世の中にたくさん存在している、聞くことに関する本も、基本的には、話を聞く相手は他人前提でつくられています。

私は、さらにもう一歩進んで、この聞く力を他人だけでなく「**自分**」にも向けてほしいと思っています。

聞く力を身につけて、まわりとの関係をよりよくしていきたい。そして、仕事や人生をいいものにしていきたい。そう考えるのは、とてもすてきなことです。

つまり、**「自分で自分の話を聞く」**姿勢です。

そう言われても、ほとんどの人は、そんなことを考えたことがないと思います。学校や会社はもちろん、「自分で自分の話を聞く」ことについて教わる機会はまずないので、当然です。

ですが、この**「自分で自分の話を聞く」姿勢こそが、自分の頭のなかを言語化するうえでは必要不可欠**なことなのです。

トップコピーライターは、こうやって言葉をつくる

言語化力のベースは「聞く力」にある。

なぜ、私がこの結論にたどりついたのかというと、コピーライターの仕事を続けながら、国家資格である「**キャリアコンサルタント**」の資格を、２０２３年に取得したことがきっかけです。

「なんで、わざわざ、コピーライターである荒木さんが、キャリアコンサルタントの資格をとろうと思ったんですか？」

資格取得の話をすると、必ずそんな質問をされます。

その理由は、意外かもしれませんが、**コピーライターの仕事と、キャリアコンサルタントの仕事が、とても似ている**からです。

私は「コピーライターの仕事を続けていくうえで、キャリアカウンセリングの知識や技術が、きっと役に立つはずだ」と考えて、勉強をすることにしました。

どんな点で2つの仕事が似ているのかをお伝えする前に、そもそもコピーライターの仕事がどんなものか、なかなかイメージしにくいと思いますので、まずは、そのお話をさせてください。

●心を打つ名コピーは、思いつきでは生まれない

あなたは、コピーライターって、どんな仕事だと思いますか?


ときどき、飲み会などの場で、次のように言われることがあります。

「コピーライターなんだから、この場でパッとキャッチコピーを考えてよ」

もしかしたら、あなたも「コピーライターは、キャッチコピーやキャッチフレーズをパッと考えられる人」というイメージを持っているかもしれません。


残念ながら、それは完全に誤解です。私たちコピーライターは、大喜利で次々と

笑わせる芸人さんや、即興でなにかをつくるアーティストのように、その場でパッと答えや成果物を出す職業ではないからです。

世の中には、たくさんの広告コピーがありますが、それらのほとんどはコピーライターがパッと一瞬の思いつきで書いたものではありません。

私たちコピーライターは、何時間も、何日もかけて、ようやくたった1行のコピーにたどりつきます。

「えっ。たった1行なのに、なんでそんなに時間がかかるの？」

不思議に思いますよね。なにごとにも効率を求められる世の中において、数日かけて、たった1行というのは、あまりに非効率的に思えるかもしれません。

もちろん、それぞれのコピーライターによって時間のかけ方に差はあるかもしれませんが、少なくとも私の場合は、コピーをつくる時間の「**約9割**」を、ある工程に使っています。

それが「**聞く**」工程です。

コピーをつくるのに、「書く」ではなく「聞く」って、どういうこと?

そう思ったあなたのために、コピーライターの「聞く」工程について、少しお話ししたいと思います。

私が考えるコピーライターの「聞く」には、大きく次の2つがあります。

①クライアントや生活者の話を聞く

②自分自身の話を聞く

この2つの「聞く」について、それぞれくわしく見ていきましょう。

コピーライターの「聞く」①
相手の頭のなかを言語化する

まずは、「①クライアントや生活者の話を聞く」からです。
こちらは、比較的イメージしやすいかもしれません。

私たちコピーライターの仕事は、クライアントからのオリエン（オリエンテーション）からスタートすることがほとんどです。

オリエンとは、「今回、広告したいのは、どういう商品なのか」「主に、どんなターゲットに向けて開発されたのか」「競合商品と比較して、どんな特長を持っているのか」といった、商品の情報を聞く機会のことです。

そのオリエンを聞いたうえで、コピーライターは、さらに疑問に思ったことをクライアントに追加で聞いていきます。

「この商品は、どんな思いで開発されたのか」「ターゲットとなる生活者の、どんな悩みを解決する商品なのか」「データから推察されるターゲットの嗜好《しこう》や生活スタイルは、どんなものか」といったことから、いちばん大切な「今回の広告の目的は、なにか」についても深掘りしていきます。

かなり細かく、そして、しつこく聞いていきます。それでも足りなければ、さらに追加で関係者に取材をさせてもらうこともあります。

◉広告コピーの良し悪しは、なにで決まる？

私たちコピーライターは、クライアントが抱える、なんらかの課題を解決するためにコピーをつくります。

そのとき、特に大切にしているのが、広告の「**目的**」です。

「商品名の認知度を上げたいのか」「商品を活用して企業のブランドイメージを上げたいのか」「最終的に自社のWEBサイトへ誘導したいのか」など。

今、例にあげたもの以外もふくめて、広告といっても、その目的は本当にさまざまでです。

クライアントの思いが曖昧《あいまい》なこともあるので、そこをそのままにせず、今回の目的をしっかりと聞いて言語化する。そして、おたがいが共有する。

そういう過程を経てはじめて、私たちがつくる広告コピーの良《よ》し悪《あ》しを、クライアントもコピーライター自身も判断できるようになります。

その広告の本来の目的を言語化できていないと、いくらかっこいいコピーを書いたとしても、的外れになってしまうのです。

私たちコピーライターの仕事には必ず目的があり、それを達成するための1つの手段としてコピーがあって、さらに映像やビジュアルがある。そういう意識を常に持ちながら仕事をしています。

だからこそ、相手の話をしっこく聞いて、クライアントの頭のなかをしっかり言語化しておく必要があるのです。

これが、コピーライターの1つ目の「聞く」です。

コピーライターの「聞く」②自分の声に耳を傾ける

そして、もう1つの「②自分自身の話を聞く」についてです。

こちらは、オリエンを受けたあとに1人でコピーを考えるときの「**自分の声に耳を傾ける時間**」と言ってもいいかもしれません。

「オリエンを聞いて、率直に、どう感じたか」「1人の生活者として、その商品をどう思うか」「自分の身近な人なら、どんな感想を持ちそうか」「クライアントも想像していなかった、その商品の別の魅力はないか」といったことや、ほかにも質問を変えながら自分の声に丁寧に耳を傾けていきます。

そのように自分で自分の話を聞いていくなかで、ようやく答えが見えてきます。

コピーは思いつくものではなく、自分に「聞く」ことを繰り返して、見つけだす。

私は、そんな感覚を持っています。

◉トップコピーライターの思考の深め方

さきほど、「自分の声に耳を傾ける時間」と言いましたが、私はキャッチコピーを考える際に、頭のなかにもう1人の自分を登場させて、まるで自分にインタビューをするかのように言語化の糸口を探していきます。

少し概念的なお話になってしまうので、具体的な事例をもとに、私が普段コピーを考えるときの頭のなかをご紹介したいと思います。

たとえば、次のようなイメージです。私の頭のなかで繰り広げられる、2人の私のやりとりに少しだけおつきあいください。

お題

ラジオをもっと聴いてもらうには？

A
自分

B
もう1人の自分

普段、ラジオって、どんなときに聴くかな？

そもそもラジオを最近聴いてないな。

なんでラジオを聴かないんだろう？

ラジオを聴く機械がないからね。

今はスマホアプリでも聴けるよね。それを伝えたら聴きたくなる？

1つのいい方法かも。でも、それだけで聴きたくなるかなぁ。

「スマホで聴ける」に加えて、なんて言われたらラジオに興味がわく？

たとえば……、災害のときラジオって役に立つよね。

たしかに。「災害のときのために、スマホにラジオアプリを入れておこう」って言われたら？

そう言われたら、ラジオアプリをダウンロードするかもしれない。

「ラジオは持ち歩ける防災グッズだ。」ってキャッチコピーは、どう？

最近、地震も増えてるし、いいかもね。

ちなみに、ほかの切り口はあるかな？　災害のときだけでなく、普段からラジオを聴いてほしいんだけど。

うーん、昔は家族でクルマに乗ってるときに、よくラジオを聴いてたね。

たしかに、クルマとラジオは相性がいいよね。「クルマでラジオを聴こう。」って言われたら？

それだと普通かなぁ。当たり前だし。

クルマでラジオが聴けるいいところって、本質的には、なんだろう？

うーん……、ラジオは「ながら」で楽しめるってことかな。

「ながら」で楽しめる、か……。ラジオが「ながら」で楽しめるシーンって、クルマのほかにもあるかな？

いっぱいありそうだね。たとえば、掃除中とか。

「ラジオがあれば掃除が楽しくなる。」って言われたら、聴きたくなる？

わかるけど、もうちょっとキャッチーにできないかな？

「あなたの家に、お掃除ラジオ。」っていうのは？　お掃除ロボットじゃなくて、お掃除ラジオ。

それは、ちょっと気になるかも！

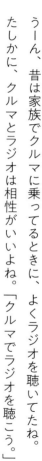

いかがでしたか？

このように、私はコピーを考えるとき、もう1人の自分に次々と問いかけをしながら、過去の経験を思い出したり、自分が感じていることを引きだしたりして、言葉を探っていきます。

コピーライターがコピーを考える時間というのは、自分に問いかけをしながら自分で自分の話を聞いていく時間なのです。

さらに言うと、その時間は、さきほどのラジオの事例からわかるように**「自問自答」**の時間でもあります。

そもそも、**「思考とは自問自答」**です。

この本の帯に「思考」という言葉が入っていますが、**思考することは、自分で自分の話を聞くことと、まったく同じ行為**なのです。

「思考量＝自問自答する量」であり、**「思考の質＝自問自答の質」**です。

つまり、コピーライターは、自問自答を繰り返しながらコピーをつくっているのです。

これが、コピーライターのもう1つの「聞く」です。

以上、コピーライターの2つの「聞く」についてお話ししました。

言語化力をアップして、一瞬で思考がまとまる状態になるには、いったいなにをすればいいのか？　まだまだ雲をつかむようなイメージかもしれません。ご安心ください。具体的メソッドについて、このあと丁寧にご説明していきます。

まずは、ここでご紹介した**2つの「聞く」意識を持つことが、言語化力を身につけるための、もっとも大事な要素である**ことを覚えておいてください。

モヤモヤの正体は、こうやってつかむ

ここまで、言語化力と聞く力の関係を、まずはコピーライターの経験をもとにお話ししてきました。

ここからは、私が「言語化力のベースは『聞く力』にある」という結論にいたった、もう1つの理由をお話ししていきます。

それが、さきほど少しふれたキャリアコンサルタントとしての経験です。

これまで私は、約20年、コピーライターの仕事を続けてきました。

さまざまなクライアントと仕事をしていくなかで、少しずつ、こんなことを感じるようになりました。

「普段、自分がやっていることは、実は、だれかをカウンセリングする仕事と、とても似ているのではないか」

そんなときに偶然出合ったのが、キャリアコンサルタントという職業でした。

私の場合は、キャリアというテーマに関心があったというよりは、カウンセリングの専門的な理論や手法を学んで、コピーライターの仕事に活かしたいという思いが強くありました。

◉「自分のことはよくわかっている」という勘違い

というわけで、私はキャリアコンサルタントの資格を取得するために、会社で働きながら専門学校に通い、同じ志を持つ仲間といっしょに、カウンセリングについて深く学ぶ半年間を過ごすことにしたのです。

専門学校の時間はとても濃密で、カリキュラムには、理論や手法を具体的に学ぶ座学はもちろん、実践的にカウンセリングを学ぶ時間も多くありました。

そして、実践を通して、さまざまな人のリアルな悩みと向き合うなかで、なにに悩んでいるのか自分でもよくわかっていない、つまり、自分のことを言語化できていない人がとても多い、という現実を知ることになりました。

たとえば、ある日、「部下と衝突して、うまくいかない」と悩んでいる人のカウンセリングをする機会がありました。

よくよく話を聞いていくと、実は、その人のなかには「上司とは、こうあるべき」という理想があって、それを実現できない自分にイライラしていた、ということがわかってきました。部下との人間関係の悩みだと思いこんでいたのに、実際は、自分の理想とのギャップからくる悩みだったのだと、その人はカウンセリングの場ではじめて気づくことになったのです。

「自分のことは、自分がいちばんわかっている」と無意識に思いこんでいる人が多いのですが、現実は決してそうではありません。

このように、カウンセリングの場では、対話によって自分の本当の思いや意見が次々と言語化され、思考がまとまっていきます。

私が言語化力と聞く力の関係について考えるようになったのは、ここまでお話ししてきたコピーライターとキャリアコンサルタントという、一見まったく異なる2つの経験がもとになっているのです。

20年の経験から生まれた言語化につながる聞き方

「言語化力と聞く力の関係は理解できた。だとしたら、具体的に、なにをすれば聞く力を高めることができるのだろう？」

もし、あなたがそんな疑問を抱いたら、言語化力を身につけるための具体的なイメージがわきはじめている証拠です。

聞く力の高め方については、各領域の専門家の方々が、それぞれの考えや視点で書かれている本が、すでにたくさんあります。

どれも正しい方法だと思いますが、本書では、コピーライターとして、またキャリアコンサルタントとして、私自身が話を聞いていく際に意識していることについてお話ししようと思います。

そもそも私の場合は、相手や自分の頭のなかを言語化するという目的があり、その目的を達成するための手段として「聞く」という手法をとっています。

つまり、**「言語化につながる聞き方」**です。

◉相手の言葉のなかに、すでに答えがある

私は普段、コピーライターとして、さまざまな立場の方、職業の方にインタビューする機会があります。

たとえば、クライアントのマーケティング担当者や商品開発者などへのインタビューです。

さらには、広告出演者へのインタビューもあります。

広告に出演する方が、どんな人で、どんな思いを抱いて、なにに挑戦しているのか。その話を聞いて、企業や商品の広告として活用するためです。

タレントやスポーツ選手、起業家、農家、漁師、職人の方など、広告出演者へのインタビューは実に多岐にわたります。

加えて、コピーを考えるときは、自分自身にもインタビューをします。

インタビューの相手がだれであろうと、私が常に意識しているのは、**相手の「言葉」を引きだしていく**ということです。

相手がなにを感じ、なにを考えているのか。もう少し具体的に言うと、なんらかの課題を抱える企業や商品があり、その課題を解決するために、そこに関わるさまざまな人が頭のなかでなにを考え、どんなことに問題意識を持っているのか。

コピーライターは、その言葉を引きだすことで、相手の思いや意見をはじめて理解することができます。そして、それをより世の中に伝わりやすい言葉、つまりコピーとして届けることに心血をそそいでいるのです。

さきほどお話ししたように、コピーは思いつくものではありません。**相手の言葉のなかから答えを探していく**イメージで、いつもコピーを考えています。

そんな仕事を長年やってきたわけですが、実は、インタビューのときの聞き方について、だれかに教わったことは一度もありませんでした。

これまで完全に自己流でやっていたので、自分でも、そのやり方をきちんと言語化できていなかったのです。

言語化につながる聞き方について、はっきりと言葉にできたのは、キャリアコンサルタントの専門学校でカウンセリングを学んでからです。

「コピーライターとして、これまで無意識にやってきた聞き方のコツは、まさにこれだったんだ！」と、自分でもようやく気づくことができました。

そのコツとは、ずばり、「**相手の言葉に『関わる』姿勢で話を聞く**」というものです。相手の言葉に関わる？　少し抽象的な表現ですよね。

より理解を深めていただくために、あるキャリアカウンセリングの場面を事例にしながら具体的にお話ししていこうと思います。

相談内容

今の会社で働き続けるべきか？

C
キャリアコンサルタント

D
相談者
（36歳男性・会社員・営業部）

 今日は、どうされましたか？

 最近、このまま今の会社で働き続けていていいのか悩んでまして……。

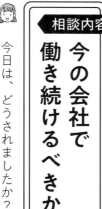

もう少し、くわしく教えていただけますか？

今、営業部にいるんですが、実は先日、上司から異動を命じられて。内勤部門への異動とのことで……。

その異動が原因で悩むことが増えたのでしょうか？

そうですね。入社以来、営業一筋でやってきましたし、営業の仕事に誇りを持ってやっていますし……。

営業の仕事のどのあたりに特に誇りを感じているんですか？

昔、営業部の先輩に言われた言葉が心に残っているんです。

どんな言葉ですか？

「仕事とは、与えられるものではなく、自分でつくりだすものだ」という言葉です。営業って、まさにそんな仕事ですし、その言葉を胸に仕事をしてきました。実際、まわりと比べても、営業成績はいいほうだと思います。なのに、急に内勤部門に異動と言われてしまって……。

Dさんは「仕事とは、与えられるものではなく、自分でつくりだすものだ」とお考えなんですね。ちなみに、内勤部門では、どのようなお仕事を担当される予定ですか？

「人事部で採用の担当をやってほしい」と言われています。

採用のご担当なんですね。異動の理由は、上司から伝えられましたか？

「これから採用の仕組みを変えていきたいので、力を貸してほしい」と。

仕組みを変える？

人事制度の見直しの一環で、採用のフローもガラリと変えたいそうで。

具体的に、どんな仕組みになるのかは決まっているんですか？

実は、まったく決まっていないみたいで、「ゼロから考えてほしい」と言われています。

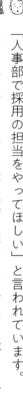

ゼロから？

……話していて、今、気づいたんですが……。これまで営業から離れることばかりに意識が向いていましたが、もしかしたら採用の仕組みを自分でつくりだせるいい機会かもしれないと、ふと思いました。

いかがでしたか？

2人のやりとりから感じていただきたかったこと。それは、キャリアコンサルタントは常に相談者の語った「言葉」を意識し、その「言葉」に次々と関わりながらカウンセリングを進めている、という点です。

これが、**相手の言葉に「関わる」聞き方**です。

カウンセリングの世界では当たり前のことかもしれませんが、勉強をはじめたばかりの私には目から鱗《うろこ》のコツでした。

また、キャリアコンサルタントの聞き方によって、相談者Dさんに新たな気づきが生まれています。

Dさんは、最初、営業という「職種」が自分にとっていちばん大切だと考えていて、異動で営業の仕事が続けられなくなることに悩んでいました。

ですが、キャリアコンサルタントとの対話によって、自分にとって大切なのは「職種」よりも「自分で仕事をつくりだすこと」という気づきが言語化されました。

このように、それまで特に意識していなかった自分の考えや価値観が言語化されることで、本当に大切なことが再発見できたり、悩みやモヤモヤがスーッと消えて気持ちが前を向くきっかけになったりするのです。

◉同じ言葉でも、人によって意味が違う

人が無意識に発している言葉、その1つひとつには、必ずちゃんと意味がありま す。そこには、その人ならではのものの見方や考え方がひそんでいます。

私はコピーライターとしても、キャリアコンサルタントとしても、相手の言葉に「関わる」姿勢で話を聞きながら、さらに**「相手の辞書をつくる」**イメージを持つことを強く意識しています。

「相手の辞書をつくる」とは、どういうことでしょうか？ さきほどのキャリアカウンセリングの事例を振りかえりながらお話ししていきましょう。

もしも、この相談者Dさんだけのオリジナルな辞書が存在するとします。辞書をめくると、そこにはさまざまな言葉が並んでいます。

その辞書で「仕事」という言葉をひいてみたとしましょう。

すると、Dさんの辞書には、

仕事：与えられるものではなく、自分でつくりだすもの。

と書かれているでしょう。

ですが、世の中の一般的な辞書で「仕事」という言葉をひくと、

仕事：するべきこと。しなければならないこと。特に、生計を立てていくための活動。職業。業務。

といったことが書かれています。もちろん、Dさんオリジナルの辞書の意味も決して間違いではありませんが、一般的な辞書の意味とは少し違っているようです。

このように、同じ「仕事」という言葉でも、人によって微妙に意味が違っています。なぜなら、「仕事」に対する考え方や価値観は、人の数だけあるからです。

「相手の辞書をつくる」というのは、対話によって、ある言葉に対するその人ならではの意味を1つずつ言語化していくこと、ともいえます。

悩んだときに、まず相談すべき人

さて、ここからは、頭のなかが言語化されることで、いったいどんなメリットがあるのかを、あらためて考えてみたいと思います。

言語化によってもたらされるプラスの変化については、本書の冒頭でもふれましたが、ここでは少し視点を変えて、人間関係の視点から見ていきます。

私たちは、仕事でも、プライベートでも、ＳＮＳ上でも、さまざまな人とコミュニケーションをとりながら生きています。

毎日たくさんの人とやりとりをしていると、なにかしらのトラブルや悩みを抱えることもあるでしょう。なかには、「この人、なんとなく嫌だ」「あの人、なんとなく自分と合わない」といった人も出てくるはずです。

そんなとき、その「なんとなく」をきちんと言語化できると、モヤモヤした感情が一気にクリアになります。「どこに問題があるのか」を整理できて、悩みの本質をつかむことができ、結果的に悩みが小さくなっていくのです。

また、言語化によって、自分自身との関係も、よくなります。たとえば、普段から自分の話をしっかり聞いて、「どう生きていきたいか」という自分の「**軸**」が言語化されていると、仕事でも、プライベートでも、あらゆる場面で、迷ったり、悩んだりすることが確実に減っていきます。

この自分の軸を言語化するという視点は、本書の重要なポイントですので、さらに深掘りしていきます。

◉インフルエンサーは答えを持っていない

昨今、特にコロナ禍《か》を経験して、私たちの働き方や生き方の意識に大きな変化が起こりました。

転職や起業する人が増え、キャリアの重ね方も多様化しています。

ひと昔前と違って、「こうすれば間違いない」「こうしていれば安心」というお手本のようなものがなくなったように感じます。

その一方で、インターネットやSNSを開くと、インフルエンサーと呼ばれる人たちが、自分の経験だけをもとに、あたかもそれが間違いのない唯一絶対の正解であるかのように語る動画や記事があふれています。

「本当は、たった1つの正解なんてないはず」

なんとなくそうわかっていても、自信満々に語られる働き方や生き方をうらやましく思ったり、ついコスパよく、そこに答えを求めたりしてしまう。

そして、いろいろな情報にふれすぎて、結局、どうすればいいのかわからなくなって、余計にモヤモヤだけが大きくなっていく。

そんな経験をしたことはないでしょうか？

人の数だけ、働き方や生き方の答えがある。

逆に言うと、だれに聞いても、自分にとっての答えが見つけにくい。

そんな時代になってしまったのかもしれません。

察しのいいあなたなら、ここまで読んでお気づきかもしれませんが、あなたらしい働き方や生き方の答えを知っているのは、結局、あなた自身です。

これからの未来のことを聞くなら、自分に聞くのがいちばん効率的。そして、納得のいく答えにたどりつけます。

自分の話を聞いて、自分の「軸」をしっかり言語化することが、自分にとっての答えを見つけられる、いちばんの近道。

言語化力は、生きる力そのものだ。

私は、そう考えています。

漠然とした不安が消える、たった1つの方法

自分の「軸」を言語化することを、私が強くおすすめする理由。

それは、私がコピーライターとして、企業の軸を言語化する仕事に、長年たずさわってきたこととも関係しています。

企業のことを「法人」と呼びますが、まさに企業は1人の人格を持っているかのような存在です。

それぞれの企業には、つくりたい世界、成しとげたい理想があり、それらを言語化して社員全員で共有する文化があります。それらは、ミッションやビジョンといった言葉で表現されることもあります。

つまり、企業は自分たちの軸を言語化することを、とても大切にしているわけで

す。実際、ミッションやビジョンの開発に、膨大な時間や労力をかけている企業がたくさんあります。

それは、なぜでしょうか？

あなたが部門の運営やプロジェクトのリーダーをしていたら、きっと経験があると思いますが、部門のメンバーの数が増えたり、プロジェクトの規模が大きくなったりするほど、目の前のさまざまなできごとに振りまわされて、自分たちがそもそも進むはずだった道を見失いがちです。

そんなときに、自分たちの軸がきちんと言語化されていると、その軸となる言葉は、迷ったり、悩んだりしたときに立ちもどる場所を教えてくれたり、なにかを判断するときのよりどころになったりしてくれるのです。

また、軸が言語化されていると、そこに関わるメンバーが共通の価値観や認識を持って、同じ方向を目指して日々の仕事に取り組むことができます。

このように、企業にとって軸を言語化することは、とても重要なのです。

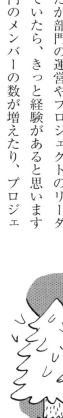

そして、企業と同じように、私たち個人にとっても、自分の軸を言語化することは、非常に大きな効果があると私は考えています。

ここで一度、あなた自身のことを振りかえってみてください。

「このまま今の仕事を続けていていいのだろうか」

「自分は、そもそも、なんのために仕事をしているのだろうか」

「あと何年、今の会社で働くのだろうか」

仕事に対して、そんな漠然とした不安や悩みを抱えていないでしょうか？

特に、私と同じ40代の中堅ビジネスパーソンには、そんな漠然とした不安や悩みを抱えながら仕事をしている人が多いように感じます。

「四十才は二度目のハタチ。」

かつて、そんなキャッチコピーがあったように、40代というのは、人生の大きな転機となる年代なのかもしれません。

そんな漠然とした不安や悩みを抱えたときに、もし自分の軸がきちんと言語化できていたら、どうなると思いますか？

これからの働き方、生き方を決めていくときの道しるべになるし、どんな道を歩んでいくにせよ、自分で納得したうえで次に進むことができます。

「自分の人生は自分で決める」

昔からよく聞くフレーズですが、自分の人生を決めるためには、自分の軸が必要なのです。

◉なんのために働いているか答えられる？

ところで、自分の軸となる思いや意見を、あなたは日ごろから、しっかりと言語化できているでしょうか？

はっきりと言葉にしたことはないけれど、自分のことだから一応わかっているつもり。そう思っていないでしょうか？

ですが、さきほどお話ししたように、その考えは大きな落とし穴です。

たとえば、「なんのために働いていますか？」と質問されて、よどみなく、パッと答えることができるでしょうか？

もし答えるのが難しいようであれば、たとえば、あなたが仕事のキャリアで大きな決断をせまられたとき、明快に判断する軸がないということにつながってしまいます。

また、さきほどの質問に「家族のためです」と答える人もいるかもしれません。すばらしい答えですし、その答えは、きっと嘘ではないでしょう。

ですが、働くことは、本当に家族のためだけでしょうか？ お客さんのためには？ 同僚のためには？ そもそも自分のためには？

そうやって、自分で自分に問いかけていくと、「おや？」と気づくはずです。「家族のため」というのは、自分にとって、ほんの一面でしかないと。その結果、本当はなんのために働いているのか、自分でもよくわからなくなってしまいます。

このように、自分の軸を言語化するのは、意外と難しく、コツが必要です。どうすれば自分の話を自分で聞けるようになるのでしょうか？ どうすれば自分の軸を言語化しやすくなるのでしょうか？

その具体的なコツは、次の第2章で、くわしくお話しすることにしましょう。

どんな資格よりも、まず「自分」を学べ

ところで、少し話は変わりますが、最近「リスキリング」という言葉を、よく耳にします。英語で「Re-skilling」と表記されるように、「新たな知識や技術を学び直す」という意味です。

特に、デジタル化の波で仕事の内容や進め方が大きく変化していくなかで、その変化に対応するスキルを学ぶ機会を増やそうと、経済産業省が中心となって国全体でリスキリングの流れが加速しています。

「学校を卒業すれば、もう勉強しなくていいと思っていたのに……」

そんな声が聞こえてきそうですが、残念ながら、時代は変わってしまったようです。時代の変化に文句を言っても仕方がないので、ここでは、そもそも「学ぶ」とはなにかについて、少し考えてみたいと思います。

◉言語化とは、自分を学んでいくこと

「人は、どうやって学ぶのか」

そう聞かれて、パッと答えられるでしょうか？　意外と難しいですよね。

イメージしやすいように、小さな子どもが言葉を覚えていく様子を想像しながら考えてみたいと思います。

小さな子どもは、文字を読むことができません。それでも言葉を覚え、話せるようになります。それは、どうしてでしょうか？

子どもは、まわりの大人たちの話す言葉を、まずは音で判断して、それと同じ音を声に出してみます。そして、まわりの反応を見ます。

もし、その反応が微妙だった場合、自分が発した音がずれていると理解して、もう一度、調整して言葉を声に出します。そして、再びまわりの大人たちの反応を見ながら、しっくりくるまで修正する。その繰り返しで言葉を学んでいくわけです。

この**「繰り返す」という行為こそが、学ぶことそのもの**といえます。

私が、なぜ、いきなり学ぶことについて語りだしたのか？

それには理由があります。

一般的に、新しい知識やスキルを身につけることを学ぶことと考える人が多いと思いますが、これからの答えのない時代には、それ以上に「**自分で自分を学ぶ**」姿勢が大切になる。私は、そう考えます。

そして、本書のテーマである**自分の頭のなかを言語化する行為は、自分のことを繰り返し学んでいくことそのもの**でもあります。

自分は、どういう人間なのか。自分が大切にしているものは、なんなのか。本当は、なにに悩んでいるのか。自分のことを繰り返し学ぶことによって、これまで気づかなかった自分の思いや意見をつかめるようになります。

そうやって、自分の頭のなかを言語化できていると、だれになにを聞かれてもパッと答えることができます。これが瞬時に言語化できる状態というわけです。

◉常に自分を最新版にアップデートしておく

さきほど企業のミッションやビジョンのお話をしましたが、企業は必ず定期的にそれらを見直して、繰り返しアップデートしていきます。企業の規模拡大や、そのときの市場の変化などによって目指す方向が変わるからです。

そして、そのアップデートは、私たち個人にも必要です。「一度、自分のことを言語化できたら、それで終わり」ではなく、少し大げさに言うと、**自分のいのちが尽きるその瞬間まで自分を学び続ける必要**があります。

なぜなら、昨日の自分と今日の自分は違うからです。もう少し正確に言うと、昨日の自分の思いや意見と、今日の自分の思いや意見は違うからです。

私たちは、毎年、毎月、毎日、毎時間、新しい経験を重ねます。新しい人と出会ったり、新しい考えや情報にふれたりして、自分の思いや意見は、気づかないうちに少しずつ変化していきます。

だからこそ、自分の頭のなかを言語化して、常に自分の思いや意見を最新版にアップデートしておくことで、どんなときでも一瞬で思考がまとまって、変化にも対応しやすくなるのです。

結局、自分が最高の聞き手

「常に自分は変化している。だから、定期的に自分で自分の話を聞き、繰り返し自分の頭のなかを言語化しておく。その大切さはわかった。でも、それなら、だれかに頼んで話を聞いてもらって、言語化してもいいんじゃないの？　人に話すことでスッキリしたり、ラクになったりした経験もあるし」

ひょっとしたら、あなたは、そのように思ったかもしれません。

それでも私は、自分で自分の話を聞く姿勢は大事だと考えます。その理由を２つお話ししたいと思います。これまで、あなたが、だれかに相談したときのことを思い出しながら読んでみてください。

理由1 24時間、いつでも話を聞いてもらえる環境

もちろん、だれかに話を聞いてもらうことは、とても大切ですが、こちらの話をうまく引きだしてくれる人ばかりとはかぎりません。

やたら上から目線でアドバイスをしてきたり、自分の話をはさんできたり、そもそもじっくり話を聞くつもりがない人もいるでしょう。

これでは、自分の思いや意見が言語化されることや、さきほどのキャリアカウンセリングの事例で登場した相談者Dさんのように新たな気づきを得ることも難しくなってしまいます。

また、あとで振りかえると、相手に話を聞いてもらったというより、自分で話した内容に自分で深くうなずいていた、なんて経験をしたことはないでしょうか？

相手からの問いかけに、なんとなく答えているうちに、今まで気づかなかった思いや意見が、ふと自分の口から出てくる。「ああ、自分は、こう感じていたのか」と自分でもおどろき、そして、納得する。そのように、自分でもつかめていなかっ

たモヤモヤが言語化されたことで、気持ちがスッキリする経験です。

これは、実はカウンセリングを受けたときの感覚と似ています。

カウンセラーは、相談者にアドバイスをすることは、あまりありません。あくまで、相談者が自分の語りのなかで、自分の本当の思いや意見に気づき、思考を整理する時間を提供しているだけです。

頭のなかを言語化していくうえでいちばん大切なのは、人に話を聞いてもらうことよりも、思いや意見が言語化されやすい環境を整えることです。

自分で自分の話を聞けば、その環境は24時間、いつでも用意できます。

理由2 すべてをさらけだせるのは、結局、自分だけ

もしかしたら少しさびしい話かもしれませんが、**あなたが心から本音ですべてを話せる相手は、結局のところ、あなた自身しかいない。**私は、そう思います。

信頼している同僚であれ、絆《きずな》で結ばれた家族であれ、長年の友人であれ、自分のことを包みかくさず、いつでも、どこでも、なんでも話せる相手など、そうそうい

るものではありません。もしいたとしても、相手も自分も忙しくて、なかなかゆっくり話を聞いてもらう時間はない。それが現実ではないでしょうか？

そうなると、「こんな話をしたら、相手は、どう感じるだろう」「忙しくしているのに、迷惑にならないかな」などと考えて、話す内容や時間を自分でついセーブしてしまうことになります。結果として、自分でも気づかなかった思いや意見が言語化されることも難しくなるでしょう。

しかし、話す相手が自分であれば、その心配は一切無用です。

遠慮なく、すべてをさらけだせるし、言葉になっていない心の奥にあるモヤモヤをじっくり聞いてもらうこともできます。

以上、なぜ他人ではなく、自分で自分の話を聞いて言語化したほうがよいかについて、2つの理由をお話ししました。つまり、「**言語化とは、自分へのセルフカウンセリングだ**」と、私は考えています。

それでは、次の第2章で、自分で自分の話を聞くコツについて、さらに具体的に見ていきましょう。

第2章

こうやって自分の話を聞いていく

自分という存在は、なかなか話をしてくれない

第1章では、「頭のなかを言語化するためには、自分で自分の話を聞くことが大切だ」というお話をしました。

第2章では、このポイントをさらにくわしく見ていって、自分の話を聞くときのコツを実際に身につけていきましょう。

「自分の話を聞くって、他人から話を聞きだすわけじゃないんだから、そんなに難しくないのでは？」

そう思うかもしれませんが、現実には、自分という存在は、なかなか話をしてくれません。それは、なぜでしょうか？

いちばんの理由は、**あなたが考えたり、感じたりしていることのほとんどが、頭のなかで「言葉」というかたちになっていないから**です。

たとえば、普段、次のように感じることはないでしょうか？

・会社に行くのが「なんとなく」めんどうくさい
・仕事をしていても「なんとなく」張りあいがない
・定例会議に出るのが「なんとなく」億劫《おっくう》だ
・特定の先輩と仕事をするのが「なんとなく」ストレスだ
・提案しようとしている企画が「なんとなく」しっくりこない
・夫や妻、友人と最近「なんとなく」うまくいかない
・将来のことについて「なんとなく」不安がある

このように、「なんとなく」気になっているものの、その「なんとなく」をきちんと言葉にしている人は、ほとんどいません。

毎日、仕事もプライベートも忙しいので、自分が感じている「なんとなく」の理由をいちいち言語化するのは大変ですし、仕方がないのはよくわかります。

ひょっとすると、自分のモヤモヤを自覚していても、「自分さえ我慢すればいい」と考えて、見て見ぬふりをしている人もいるかもしれません。

◉「なんとなく」のモヤモヤは、相手に伝わっている

ですが、**言葉になっていない「なんとなく」のモヤモヤは、その人の態度や行動に自然とあらわれます。**

たまに、周囲の人を見ていて、「あの人、最近、イライラしているなぁ」とか「あの人、最近、あまり元気がないなぁ」と感じることがあると思いますが、当の本人は、案外、自分では気づいていないことのほうが多いものです。

このように、あなたのなかにありながら、知らないうちにあなたを動かしているもの、それをキャリアカウンセリングの世界では「**無意識**」と呼びます。

人間は、無意識にやっていることに対して、なぜそんなことをしたのか、その理由を聞かれても、パッと答えることができません。

なぜなら、さきほどお話ししたように、無意識の行動の理由が「言葉」というか

たちになっていないからです。「なんとなく」としか答えようがないのです。

自分という存在は、あなたが想像している以上に、本当の思いや意見を話してくれません。

むしろ、「**なにを話していいのか、自分でもわかっていない状態**」だと考えたほうがいいでしょう。

だからこそ、自分で自分の話を聞くのは難しいのです。

自分にちゃんと話してもらうためには、なんらかの方法で思いや意見を「言葉」というかたちにする必要があります。

ここからは、そのコツについて、３つの事例を通して、くわしく見ていきます。

事例① こうやって聞くと、言語化につながる
新会社のネーミングの依頼

ここで1つ、言語化につながる聞き方のコツがよくわかる事例として、実際にコピーライターが仕事を依頼された場面を見ていきましょう。

コピーライターは、いわゆるキャッチフレーズ以外にも、企業から言葉に関するさまざまな依頼をもらいます。

その1つに「**ネーミング**」というものがあります。商品名やプロジェクト名、企業名など、企業が活動をするうえで欠かせない名前を考える仕事です。

「名前なんて、なんでもいいのでは？」と思うかもしれませんが、「名は体《たい》を表す」という格言もあるように、実は、とても大切なものです。

クライアントとコピーライターが、普段、どんな会話のやりとりをしているの

か、あなたもこの打ち合わせに同席しているつもりで読んでみてください。

依頼内容

新しい会社名を提案してほしい

E コピーライター

F 某会社の社長

ところで、どんな会社名がいいとお考えですか？

うーん、やっぱりかっこいいのがいいですね。

かっこいいとは、どういうことですか？

そうだな……、シンプルってことかな。

シンプルとは、短いとか、わかりやすいとか？

それもあるけど……、やっぱり言いやすいのがいいですね。

言いやすい……。ちなみに、どういうときに言いやすい会社名がいいと思われるんですか？

たとえば、電話ですね。

電話のとき？

電話をとるときに必ず会社名を言うでしょう。「○○の△△です」って。

そうですね。

長い名前だと、いちいち言うのが大変じゃないですか。実は、前の会社の名前が長くて、頭文字をとって省略して使っていたんです。

なるほど。

だから、今回の会社名は、ひと息で言えるくらいのものがいいなと。

かっこいいというよりも、短くて言いやすいということですね？

ええ、ぜひそれでお願いします。

ほかに、電話以外でよく会社名を口にする場面はありますか？

お客さんに挨拶するときかな。

挨拶するとき？

特に、はじめてのお客さんに挨拶するときですね。

はじめてのお客さん？

「なんで、この会社名にしたんですか？」って必ず聞かれるじゃないですか。そのときに説明しやすいものがいいなと。

わかりました。ちなみに説明しやすいというのは、会社や事業に対する思いが説明しやすい名前、ということでしょうか？

ええ、会社名といっしょに、私自身の思いも説明できるとうれしいです。

ここでいったん話をまとめさせていただくと、「会社や事業への思いが表現されている、短くて言いやすい会社名」を考えるということですね？

ぜひ、それでお願いします。

それでは、このあと、会社や事業への思いも聞かせていただけますか？

もちろん、お話しさせてください。

●思いを言語化できると、仕事のトラブルが減る

この事例を読んで、あなたは、どう感じたでしょうか？

まず、コピーライターのEさんは、第1章でお話しした「相手の言葉に『関わ

る』姿勢で話を聞く」というポイントを実践していることがよくわかります。

ほかにも、依頼をくれたこの社長、どんな会社名にするかのオーダー内容が、会話の最初と最後で大きく変わっていることに気づいたと思います。

もしかしたら、あなたの近くにも、話の途中で発言内容がどんどん変わる、ちょっとやっかいな人がいるかもしれません。

ですが、今回の事例においては、社長のオーダー内容が次々と変わっていったことは、とてもいいことだと私は考えます。

なぜなら、おたがいの理解が深まり、納得感もぐんと高まっているからです。

最初、この社長は、会社名への思いが「かっこいい名前」くらいの解像度でしか頭のなかで言語化されていませんでした。

このまま進めてしまうと、どこかのタイミングで「『なんとなく』自分の思いと違う」といったトラブルに発展する可能性が高くなっていたはずです。

しかし、コピーライターとの対話によって、社長の頭のなかが整理され、会話の最後のほうでは自分の思いを解像度の高い言葉で言語化できて、おたがいが納得感を持って進められるようになりました。

無意識のうちに感じていた会社名への思いをしっかり言語化したうえで進められると、コピーライターはネーミングを考えやすくなりますし、社長としても、後日提案される会社名の候補案を見て、きっと選びやすくなるはずです。

このように、無意識の自分の「軸」をしっかり言語化できると、コミュニケーションや判断がとてもスムーズになり、より効率的に、しかもトラブルなく仕事を進められるようになります。

実は、ほかにも、この短い会話のなかに、言語化につながる聞き方のコツがかくれています。なんだと思いますか？

次の項目で、くわしく見ていきましょう。

言語化につながる聞き方のコツ①
「できごと→感じたこと」の順番で聞く

さきほどの社長のように、あなたも、だれかと話すなかで、頭のなかが整理されたことが一度はあると思います。

それなら、とにかく、だれかと話をすれば、頭のなかがスッキリ言語化されるのかというと、決してそんなことはありません。

第1章でもお話ししたように、「この人に話をするんじゃなかった」と後悔することや、話をしたことでかえって頭が混乱するケースも多いからです。

それでは、「話を聞いてもらって頭のなかが整理された」と感じるケースと、そうではないケースの違いは、いったいどこにあるのでしょうか?

その分かれ道は「**聞き方**」にあります。

第1章で「相手の言葉に『関わる』姿勢で話を聞く」というポイントをお伝えしましたが、それ以外にもコツがあるのです。

ここからは、さきほどの事例にかくれていた具体的な聞き方のコツについてご紹介していきます。

◉「あなたの思いを教えてください」がダメな理由

さきほどのネーミングの事例を振りかえると、コピーライターのEさんは、社長に会社名への思いを聞いていく際、こんな問いかけをしています。

どういうときに言いやすい会社名がいいと思われるんですか？

ほかに、電話以外でよく会社名を口にする場面はありますか？

この2つの問いかけをきっかけに、社長の頭のなかが、どんどん言語化されていきました。ここに言語化につながる聞き方のコツがあるのですが、2つの問いかけの共通点は、なんだと思いますか？　少し考えてみてください。

……正解は、**過去の印象的な「できごと」を思い出してもらうような問いかけになっている**という点です。

このように、まず「できごと」から聞いていくと、思いや意見は言語化しやすくなります。

「相手の思いを聞きだしたいなら、素直に『あなたの思いを教えてください』と聞けばいいのでは？」と思うかもしれませんが、そのままストレートに聞いても、なかなか相手は本当の思いや意見をしゃべってくれません。

なぜなら、これまでお話ししてきたように、頭のなかにある思いや意見が「言葉」というかたちになっていないからです。言葉になっていないものは答えようがありませんので、ストレートに聞いても、うまく話してもらえないのです。

◉いきなり「感じたこと」を聞かれると、人は戸惑う

それでは、なぜ、まず「できごと」から聞いていくと、思いや意見を言語化しやすくなるのでしょうか？

その「なぜ」を実際にあなたに体験してもらうために、私からいくつか質問しながら話を進めていきたいと思います。

Q あなたが働いている会社の名前について、どう思いますか?

あなたなら、なんと答えますか?

「まぁ、いいんじゃない」「あんまり好きじゃない」「普通かな」といった感想程度の内容なら、すぐに答えられるかもしれません。

ですが、相手に「なるほど!」と思ってもらえるような、あなたならではの思いや意見まで瞬時に答えることは、かなりハードルが高いはずです。

なかには、「正直、なにも思いつきません」という人もいると思いますが、会社名は、毎日、目にしたり、口にしたりしているので、どこかのタイミングで、なにかしらは感じているはずです。ただ、それをうまく言語化できていないのです。

それでは、あなたに、もう1つ質問をしてみます。

Q あなたが普段、自分の会社の名前を口にするのは、どんなときですか？

これなら、さきほどの質問より、一気に答えやすくなるのではないでしょうか？「電話をとるときです」「名刺交換のときです」など、会社名を口にする「できごと」ならパッと出てきます。

もしも、あなたが「電話をとるときです」と答えたとしたなら、私はさらに次のような質問をします。

Q そのとき、自分の会社名について、なにか感じることはありませんか？

すると、「そういえば、会社名を相手に1回で聞きとってもらえなくて困っている」といったように、かなり解像度の高い言葉で答えやすくなるでしょう。

このほうが会社名への思いや意見をいきなりストレートに聞かれるよりも、ずっと言語化しやすいはずです。

このように、人は具体的な「できごと」はわりと簡単に言語化できますが、少し抽象的な思いや意見、つまり「感じたこと」はなかなか言語化できません。いきなり「感じたこと」を聞かれると、人は戸惑ってしまうのです。

ですが、少し工夫して、話を聞く順番を「できごと→（そのできごとで）感じたこと」に変えるだけで、一気に答えやすくなります。

まさに、この**「できごと→感じたこと」の順番で問いかけていくことが、言語化につながる聞き方のコツ**なのです。

◉言語化で、思いの解像度を上げる

さきほどの会社名のネーミングの事例も、まったく同じです。

社長の場合は、以前働いていた会社の名前が長くて、頭文字をとって省略して使っていたという「できごと」がありました。

無意識のうちに、長い会社名をわずらわしいと感じていたのでしょう。

だからこそ、「今回は短くて言いやすいものにしたい」という思いが、コピーライターの問いかけをきっかけに言語化されていきました。

さらに、「はじめてのお客さんに会社名の由来を聞かれた」というもう1つの「できごと」を思い出し、「今回は会社や事業への思いが説明しやすい会社名にしたい」という思いも言語化することができました。

このように、まずは、過去の印象的な「できごと」を、できるだけ具体的に思い出してもらえるような問いかけをする。

そのうえで、その「できごと」のなかで、どんな気持ちや感情になったのか、つまり「感じたこと」を思い出してもらう。

この順番で相手に問いかけていくことが、思いや意見を言語化しやすい聞き方のコツになります。

ちなみに、今回の事例では、聞き方を工夫することで、次のように会社名に対する社長のオーダーが変化しました。

BEFORE

かっこいい会社名にしたい

←

AFTER

会社や事業への思いが表現されている、短くて言いやすい会社名にしたい

ここで1つ勘違いしていただきたくないのは、対話によって、社長の会社名に対する思いが変わったわけではない、ということです。

最初から「会社や事業への思いが表現されている、短くて言いやすい会社名にしたい」という思いを社長は抱いていました。ですが、その思いが、ちゃんと言語化されていなかっただけなのです。

別の言い方をすると、対話を通した言語化で、会社名に対する社長の思いの解像度がぐんと高まったともいえるでしょう。

言語化につながる聞き方のコツ①

「できごと→感じたこと」の順番で聞く

こうやって聞くと、言語化につながる自分とのトーク 事例②

ここまで、「できごと→感じたこと」の順番で問いかけると言語化につながりやすくなるというお話をしてきました。

この聞き方のコツは、他人の話を聞く場合だけでなく、もちろん**自分で自分の話を聞いていく際にも効果抜群**です。

自分の話を聞いていくときに、どのようにこのコツを使っていけばいいのでしょうか？　具体的にイメージできるように、実際に自分で自分の話を聞いていく場面をいっしょに見ていきましょう。

最近、あなたには「この人といっしょに仕事をすると、なんだかストレスがたまる」と感じている上司がいる、と仮定します。

もしも、そのように悩んでいる自分自身が、あなたの目の前に座っているとしたら、どんな声をかけるでしょうか？

ここからは「カフェで自分同士がおしゃべりしている」という架空の設定で、2人の自分の会話に聞き耳を立ててみましょう。

自分とのトーク Ver.1

上司との関係について

G 自分

H もう1人の自分

最近さぁ、あの上司といるとストレスがたまるんだよね。

そうなんだぁ、大変だ。

会社に行くのも、なんか嫌になっちゃって。

あんまり無理しないほうがいいよ。

ありがとう。もう、どうしたらいいかわからなくて……。

そっかぁ……。いっそ部署を異動してみたら？

えっ、異動？

そんなにストレスがたまるなら、部署かえてもらったほうがいいよ。

たしかに、そういう方法もあるか……。

そうだよ。今度、ほかの上司に相談してみなよ！

う、うん……。

そういうのは、きっと早いほうがいいよ。ねっ！

どこかのカフェで実際に行われていそうな会話ですよね。

人に悩みや愚痴を聞いてもらう「雑談」「おしゃべり」という意味では、この会話の内容は、なにも問題ありません。

ですが、言葉になっていない頭のなかのモヤモヤを「言語化」するのが目的だとすると、少々問題があります。特に、聞き手になっている自分Hの聞き方は、あまりいいとはいえません。いったい、どこがよくないのでしょうか？

◉問いかけが変わると、会話の流れが変化する

その答えをお話しする前に、同じ事例の別バージョンもご紹介します。冒頭はまったく同じですが、途中から会話の内容が変化していきます。特に、聞き手となる自分Hの問いかけに注目しながら読んでみてください。

自分とのトーク Ver.2

上司との関係について

G
自分

H
もう1人の自分

最近さぁ、あの上司といるとストレスがたまるんだよね。

最近、上司となにかあったの？

このあいだも、打ち合わせで、喧嘩みたいになっちゃって。

喧嘩？　なにかあったの？

企画書を見てもらったんだけど、逆に自分の企画を押しつけてきて。

企画を押しつけてきた？

そう。うちの上司、いつも自分の企画を通そうとして……。

そうなんだ……。ちなみに、企画を押しつけられて、どう感じた？

うーん……。たしかに、企画としては、よくできているんだよね。

なるほど。企画としては納得できる部分もあるんだ。

だから、なおさら悔しいというか……。でも、あの言い方はないなって。

あの言い方……。具体的には、なんて言われたの？

いかがでしたか？　同じ悩みを抱えている自分Gに対して、自分Hの問いかけが少し変わるだけで、会話の流れが大きく変わったことに気づいたはずです。

今回の自分Hは、次のように、まずは「上司となにがあったのか」について、できるだけくわしく聞きだそうとしています。

最近、上司となにかあったの？
喧嘩？　なにかあったの？
企画を押しつけてきた？

まさに、これらが「できごと」をまず思い出してもらう質問です。
そのうえで、「感じたこと」を聞いていきます。

そうなんだ……。ちなみに、企画を押しつけられて、どう感じた？

この質問をきっかけに、自分Gのモヤモヤが言葉のかたちになっていきます。

うーん……。たしかに、企画としては、よくできているんだよね。
だから、なおさら悔しいというか……。でも、あの言い方はないなって。

このように、自分で自分の話を聞く際も、「できごと→感じたこと」の順番で問いかけると、頭のなかのモヤモヤがより言語化されやすくなるのです。

言語化につながる聞き方のコツ②
アドバイスしようとしない

さきほどの「自分とのトーク」の2つのバージョンには、実はもう1つ、これまでにご説明していない言語化につながる聞き方のコツがかくれています。

最初のトークVer.1において、自分Hは冒頭こそ「そうなんだぁ、大変だ。」「あんまり無理しないほうがいいよ。」と共感の声かけをしているものの、途中から自分Gの頭のなかを言語化するというよりは、自分の考えを一方的に伝えるアドバイス的な発言になっています。次のような部分です。

そっかぁ……。いっそ部署を異動してみたら？
そんなにストレスがたまるなら、部署かえてもらったほうがいいよ。

そうだよ。今度、ほかの上司に相談してみなよ！

そういうのは、きっと早いほうがいいよ。ねっ！

もしかしたら、「あちゃー。自分も、よくやっているかも……」と思った人もいるかもしれません。

もちろん、アドバイス自体が悪いわけではありません。相手のためになりたいという気持ち自体は、すばらしいと思います。

さらに、だれかの悩みを聞く場面で、「相手のためになることを言わないといけない」と考えるのも自然なことなので、仕方のない面もあるでしょう。

◉「自分と話をする」ではなく「自分の話を聞く」

しかし、言葉になっていないモヤモヤを言語化することを目的にするならば、あくまで「**聞くことに徹する**」べきだと私は考えます。

相手の話にただ耳を傾けるだけで、「**アドバイスしようとしない**」。これが、言語化につながる聞き方の2つ目のコツです。

頭のなかを言語化するうえで、自分へのアドバイスは一切必要ありません。自分で自分を無理に納得させようとしたり、決めつけようとしたりすると、自問自答の幅、つまり思考の幅がせばまってしまうのです。

ただ話を聞いていくほうが、頭のなかが整理されやすく、さまざまな角度からモヤモヤの正体をつかむことができます。

「自分と話をする」ではなく「自分の話を聞く」。

その姿勢が、頭のなかを言語化するうえでは、とても大切になります。

◉どうやって相手に語ってもらうか？

ちなみに、キャリアカウンセリングの世界では、相手の話を聞くときに求められる姿勢について、よく「**相手の語りをうながす関わりをする**」という言い方で表現されます。

相手の話を聞くためには、そもそも、相手に語ってもらう必要があります。いかに相手が語りやすくなる関わりができるか、それが聞き手に求められるのです。

もちろん、その関わりは、その場の雰囲気づくりや表情、身振り手振りなど、さまざまな要素が組み合わさって生まれるものですが、そのなかでも私が特に大切にしているのは、語りたくなるような「**問いかけ**」をすることです。

どのような問いかけをしていくかによって、語りやすくなるか、語りにくくなるかが決まります。

この「問いかけ」が、実は、言語化につながる聞き方の3つ目のコツです。

次の項目で、くわしく見ていきましょう。

言語化につながる聞き方のコツ②
アドバイスしようとしない

こうやって聞くと、言語化につながる 事例③ 悩みを抱える先輩との会話

さきほど、言語化につながる聞き方の３つ目のコツは「問いかけ」にある、とお話ししましたが、ここで１つ、具体的な事例を使って、その問いかけを考える簡単な練習をしてみましょう。

今回、あなたが話を聞く相手は、大学時代の先輩Ｉさんです。

Ｉさんは、ある人材会社に入社して約10年、法人向けの社員研修を担当しています。最近、大きな仕事を任されるようになったのですが、どうやらリーダーとしてチームをまとめていくことに悩みを抱えているようです。

久しぶりに飲みにいった場で話を聞くことになりました。

会話内容

リーダーの役割とは？

I
大学時代の先輩

J
あなた

最近、大きなプロジェクトを任されているんだけど、正直、このさき、ちゃんとやっていけるか不安なんだよね。

不安って、なにかあったんですか？

なにってわけじゃないんだけど、リーダーとしてチームをまとめていかないといけないし。

もしかして、チームの人に、なにか言われました？

いや、特になにか言われたわけじゃないんだけど……。みんなから、どう思われているのかなぁって。

最近、そう感じることがあったんですか？

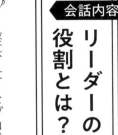

うーん……。たとえば、チームの打ち合わせが、あんまり盛り上がらなかったりね……。

打ち合わせが盛り上がらない？

ほら、打ち合わせで、たまに冗談を言って場を和《なご》ませたり、上手にほめてモチベーションを上げたり。そもそも、あまり得意じゃないんだけど、そういうのもリーダーの仕事だったりするじゃん？

さて、突然ですが、あなたなら、このあと先輩Iさんに、どう話しかけますか？
この空欄に入れる内容を考えてみましょう。

◉理想のリーダーって、どんな人？

いかがでしょうか？

もし私なら、次のように話しかけます。

ちなみに、Iさんにとって、「リーダー」って、どんな人ですか？

なぜ、このような問いかけをするのかというと、Ｉさんが「リーダー」という言葉の意味を、どうとらえているのか、言語化してもらうためです。

もちろん「リーダー」という言葉自体は知っていますし、その一般的な意味も理解しているつもりです。

ちなみに、辞書で「リーダー」をひくと、このように書かれています。

リーダー：指導者。統率者。先導者。

ですが、Ｉさんにとっての「リーダー」の意味は、ちょっと違っているように私は感じました。注目したのは、次の言葉です。

ほら、打ち合わせで、たまに冗談を言って場を和ませたり、上手にほめてモチベーションを上げたり。そもそも、あまり得意じゃないんだけど、そういうのもリーダーの仕事だったりするじゃん？

どうやら、Iさんにとっての「リーダー」には、

リーダー：冗談を言って場を和ませる人。
上手にほめてモチベーションを上げる人。

という意味もふくまれていそうです。

これを見て、「そうそう！」と共感する人もいれば、「リーダーって、もっと違うイメージかな」という人もいるでしょう。

人によってリーダー像が違うのは当然ですし、自分の近くにいるリーダーがどういうタイプかにも大きく影響されます。

もうお気づきだと思いますが、この話、実は、第1章でご紹介した「相手の辞書をつくる」でも出てきた内容と深く関わっています。

今回の事例からもわかるように、**同じ言葉でも、そこにこめる意味は、人によってまったく違います。**

だからこそ、「聞く」ことによって、言葉にこめたその人なりの意味までしっかり言語化していく必要があるのです。

そうしないと、聞き手がイメージしている言葉の意味だけで、勝手に相手のことを判断してしまったり、一方的に理解したつもりになったりしてしまいます。

◉使っている言葉に思考の癖が出る

そして、言葉の意味を問いかけるこの姿勢は、自分で自分の話を聞いていくときにも、とても大切です。

普段、あなたが「なんとなく」使っている言葉の1つひとつには、あなたならではの意味が必ずあるはずです。

「自分は、この言葉を、どんな意味で使っているんだろう?」

あらためて、そのように自分に問いかけてみると、思いこみや思考の癖が見えてきます。

それが、ときに、あなたの悩みや不安を生みだす原因につながっていることもあります。

自分だけのオリジナルな辞書をつくっていく感覚で、自分なりの言葉の意味を定期的に自分に問いかけ、言語化しておきましょう。

言語化につながる聞き方のコツ③
言葉の意味を深める問いかけ

それでは、問いかけによって、その人の言葉の意味が深まると、どんないいことが起こるのでしょうか？

さきほどの先輩Iさんとの会話の続きを見てみましょう。

ちなみに、Iさんにとって「リーダー」って、どんな人ですか？

うーん……。いろいろあるけど、「最後まであきらめない人」かな。

なるほど。いろいろあるって言いましたが、ほかには？

そうだなぁ……。「道筋を示してくれる人」とか「先頭に立って引っぱってくれる人」とか。

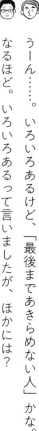

さっきは、「冗談を言って場を和ませる人」「上手にほめてモチベーションを上げる人」がリーダーだと言っていましたが、Iさんのなかには、いろいろなリーダー像があるんですね。

たしかに「リーダー」といっても、本当はいろいろなスタイルのリーダーがいていいんだよね。自分のなかで勝手に「リーダーとは、こうあるべきだ！」って決めつけすぎていたのかもなぁ。

Iさんは、もともと冗談を言ったり、人をほめたりすることに苦手意識を持っていました。

ただ、リーダーになった以上は、そういう苦手なこともやっていかないといけない。でも、うまくやれる自信がない。

その狭間《はざま》でモヤモヤしていました。

もしかしたら、Iさんの上司が、冗談を言ったり、人をほめたりするのがうまいタイプのリーダーだったのかもしれません。

ですが、あなたの問いかけによって、「リーダー」といっても、実は、いろいろなタイプがいていいことに、Iさん自身が自分で気づきました。

さらにこのあと、「自分が得意なやり方を活かしたリーダーになればいいかも」という意識の変化も、きっと芽生えていくはずです。

聞き手のあなたがアドバイスしたわけではないのに、です。

問いかけによって、Iさん自身が、自分にとっての「リーダー」という言葉の意味をあらためて言語化し直し、気づき、自分の語りのなかで不安を払拭《ふっしょく》していったのです。

この事例のように、人の話を聞くときに、「言葉の意味を深める問いかけ」があると、言葉になっていなかった思いや意見を語ってもらえる大きなきっかけにつながります。

◉答えは、いつも自分のなかにある

自分で自分の話を聞いていく際にも、実は、同じようなことが起こります。

自分の話を聞き、自分に問いかけをしながら、自分なりの言葉の意味をあらためて言語化し直してみると、自分の軸や本当に大切な価値観が見えてきて、頭のなかがスッキリ整理されます。

さらに、思考がまとまるだけでなく、言葉の意味を言語化することで気持ちも前を向くのです。

いつだって答えは、すでに、自分のなかにある。あとは、自分で自分の話を聞きながら、頭のなかを言語化して、自分のなかにある答えを見つけるだけ。

なにかに悩むことがあったとき、私はいつも、そう考えています。

言語化につながる聞き方のコツ③

言葉の意味を深める問いかけ

第3章

一瞬で思考がまとまる超効率メソッド

無理なく続けられる超シンプルノート術

第3章では、いよいよ、あなたの頭のなかを言語化する具体的メソッドをご紹介していきます。

本書の冒頭でお話ししたように、言語化力を身につけるいちばんの近道は、習慣にすること、つまり「**言語化の習慣化**」です。

頭のなかを言語化する習慣があると、常に自分の最新版の思いや意見が言葉になっている状態になります。

すると、急に意見を求められても自分の言葉で堂々と発言できたり、なにか決断をせまられたときに一瞬で思考をまとめられたりします。

ＰＣやスマホのＯＳを、常に最新版にアップデートしておく感覚に近いかもしれません。最新版になっていると、処理速度が上がったり、動作が軽くなったりする、あの感覚です。

◉「ためる」→「きく」→「まとめる」の簡単3ステップ

ただし、人間という生き物は、基本、めんどうくさがりです。「習慣が大切」と言われると、急に億劫に感じる人も少なくないでしょう。できることなら、手間をかけずに言語化力を身につけたい。そう考えるのは、当然のことだと思います。

そのため、これからご紹介するメソッドは、効率をとことん追求しています。できるかぎりシンプルに、時間をかけずに、無理なく続けられる。続けやすいから確実に成果が出る。だれでも言語化を習慣化できる超効率メソッドです。

のちほどご説明しますが、本書のメソッドはノートを使いますので、「**言語化ノート術**」と呼ぶことにします。

1日3分で実践できる「言語化ノート術」は、**「ためる」→「きく」→「まとめる」の簡単3ステップ**で構成されています。

それでは、3つのステップを1つずつご紹介していきましょう。

ステップ1 ためる
「できごと＋感じたこと」をメモする

頭のなかを言語化するのに、まず必要なのは「**自分への問い**」です。

「なぜ、そう思うのか」
「なぜ、そう考えるのか」
「なぜ、そう感じるのか」

そういう問いがあってはじめて、人間は言葉になっていない思いや意見を言語化しようとします。

人間は問いがないと、うまく考えることができません。反対に、いい問いさえあれば、勝手に思考が深まっていきます。

これまで、繰り返し、自分で自分の話を聞くことの大切さをお伝えしてきましたが、これは自分に問いを立てることと同じ意味だと考えてください。

自分への問いが、すべての言語化の出発点なのです。

POINT 1 心が動いたできごとをメモでためる

しかし、自分に問いを立てることは、思っているより簡単ではありません。

事実、前著でご紹介した言語化力トレーニングを、これまで1000人をこえる方々に実践してもらいましたが、「問いを立てるのが難しい」「どんな問いを立てたらいいのかわからない」という声をたくさんいただきました。

たしかに、日常生活のなかで自分にいちいち問いを立てるのは、かなりめんどうです。それに、そもそも「問い」という言葉自体に、少し哲学的で難しい印象があるので、とっつきにくさもあります。急に「自分への問いが、すべての言語化の出発点」と言われても、戸惑いを感じるのは当たり前だと思います。

そこで私は、だれでも、手間なく、簡単に、自分ならではの問いを立てるコツがないかを考え続けました。そして、1つの方法にたどりついたのです。

それが、自分に問いを立てるのではなく、心が何気なく動いたことを、シンプルなメモで「ためる」という方法です。

たとえば、得意先でのプレゼンが終わった場面を想像してみてください。

クライアントに挨拶をして、あなたの会社に戻る帰り道で、次のようなシンプルなメモを残しておく。たった、これだけです。

プレゼン終了。テンション上がった。

こんな感じです。これくらいなら、無理なく、ほんの一瞬でメモできるのではないでしょうか？　この1行で、自分に問いを立てる準備が整いました。

「このシンプルなメモが、どうやって自分への問いにつながるの？」と思われたかもしれませんが、このあと丁寧にお話ししていきますので、ご安心ください。

このステップ1では、メモをとるときに、1つだけ意識してほしいポイントがあります。

必ず「できごと＋感じたこと」をセットでメモすることです。

今回の事例でいうと、

できごと ＋ 感じたこと
プレゼン終了。 テンション上がった。

のようなイメージです。

これは、まさに第2章でお話しした、言語化につながる聞き方のコツ①「『できごと→感じたこと』の順番で聞く」を応用したものになります。

なぜ「できごと＋感じたこと」をセットでメモするのか？

その理由は、次のステップ2で、くわしくご説明します。

POINT 2 メモは短くてＯＫ

メモは、「できごと＋感じたこと」をセットで書けていれば、どんな内容でも構いません。**文章が短くても、まったく問題ありません。**

メモする際の言葉づかいや言いまわしも、こだわりは一切不要です。その場でパッと頭に浮かんだ言葉を、そのまま気軽にメモしてみてください。

「テンション上がった」「めっちゃうれしかった」「イラッとした」「むかついた」「ふざけんなと思った」といった、くだけた言葉でも、もちろんＯＫです。

POINT 3 メモの数は１日１つ

また、メモの数ですが、まずは「**１日１つ**」を目標にしてみてください。

どうでしょう、１日１つなら、なんだかできそうな気がしてきませんか？

また、メモを残しておくツールは、なんでも構いません。

このメモはあとで見返すことになりますので、それさえできれば、紙でも、付箋《ふせん》でも、手帳でもOKです。

今の時代、多くの人にとって、その場でパッとメモしやすいのは、常に手に持っている「**スマホ**」だと思いますので、本書ではスマホのメモ機能を活用することをおすすめしたいと思います（私も、そうしています）。

このステップ1で大切なのは、いかに時間をかけず、無理せず、「できごと＋感じたこと」をメモできるかです。

隙間時間や移動時間を利用して、あなたの心が何気なく動いた「できごと＋感じたこと」をパッと数秒でメモしてみてください。

これで、ステップ1は完了です。

ステップ1 ためる
「できごと＋感じたこと」をメモする

ステップ2 きく 頭に浮かんだ言葉をノートに書きだす

次は、ステップ1でためたメモを活用して、そこから問いを立て、自分で自分の話を聞いていくステップです。

つまり、「**自分が経験したこと（WHAT）**」に対して、「**なぜ、自分がそう感じたのか（WHY）**」を聞いていくことが、ここでの目的になります。

POINT 1 「のはなぜか？」を足して問いをつくる

それでは、どうすれば、あなたがためたシンプルなメモから問いをつくれるのでしょうか？　実は、とても簡単な方法で実現可能です。

その方法とは、

ためたメモの最後に、「のはなぜか?」の6文字を足す。

たった、これだけです。

さきほどのプレゼンのメモを例にすると、

プレゼン終了。テンション上がった。

のメモに対して、

プレゼン終了。テンション上がった。のはなぜか?

のように、最後に「のはなぜか?」の6文字を足すだけです。これだけで、ためたメモを活用して、次から次へと自分への問いが自動生成されます。

さきほど、問いを立てることが難しいとお話ししましたが、そのつまずきポイントを、このたった6文字で解消することができるのです。

さらに、ステップ1で、必ず「できごと+感じたこと」をセットでメモしてほしいとお伝えしたのは、ここに理由があります。

もし、メモの内容が「できごと」だけ、つまり「プレゼン終了。」だけだったら、

プレゼン終了。のはなぜか?

となってしまい、そもそも問いとして成立しません。

また、「感じたこと」だけ、つまり「テンション上がった。」だけだと、

テンション上がった。のはなぜか?

となってしまい、いったいどんな「できごと」でテンションが上がったのかを思い出すのに、時間がかかってしまいます。

「できごと+感じたこと」をセットでメモして、そこに「のはなぜか?」の6文字を足す。これが、習慣化の大敵である手間と時間を極力省きながら、一瞬で自分へ

の問いを立てることができる、私の考えるもっともシンプルな方法です。

メモの最後に「のはなぜか?」の6文字を足して、一瞬で自分への問いを立てたら、ここで用意してほしいものが2つあります。

POINT 2 遠慮なく使えるノートとペンを用意する

1 ノート(B5かA4サイズがおすすめ)
2 書きやすい太めのペン(裏写りしない水性ペンがおすすめ)

どちらも高価なものである必要は一切ありません。のちほどご説明しますが、3分間という時間制限を設けて、頭に浮かんだ言葉を次々と勢いよく書きだしていくので、遠慮なくガシガシ使えるもののほうがいいと思います。

ノートのサイズは、**B5かA4サイズ**がおすすめです。サイズが小さいと書くスペースが途中でなくなってしまうのと、これは気持ちの問題かもしれませんが、スペースを気にしながら書くと勢いがそがれる気がするからです。

またペンは、**太めの文字が書ける、裏写りしない水性のもの**がおすすめです。ボールペンやシャーペンだと、どうしても細い文字しか書けず、頭に浮かんだ言葉を勢いよく書きだすには不向きだからです。

ちなみに、私は「**ぺんてるサインペン-S520**」を愛用しています。文房具店であれば、どこにでも売っているごく普通のペンですが、細くもなく、太くもなく、ちょうどいい太さの文字が書けます。水性で裏写りもしません。実際、私の会社のコピーライターが、このペンを使っているのを、よく見かけます。

ステップ1では「スマホ」にメモをためることをおすすめしましたが、このステップ2では、あえて「**ノートにペンで手書き**」するようにしてみてください。

その理由については、のちほどくわしくお話しします。

POINT 3 3分間で5つ以上を目標に、とにかく書きだす

さて、ノートとペンが準備できたら、ノートの見開きのページの「**左上**」に、さ

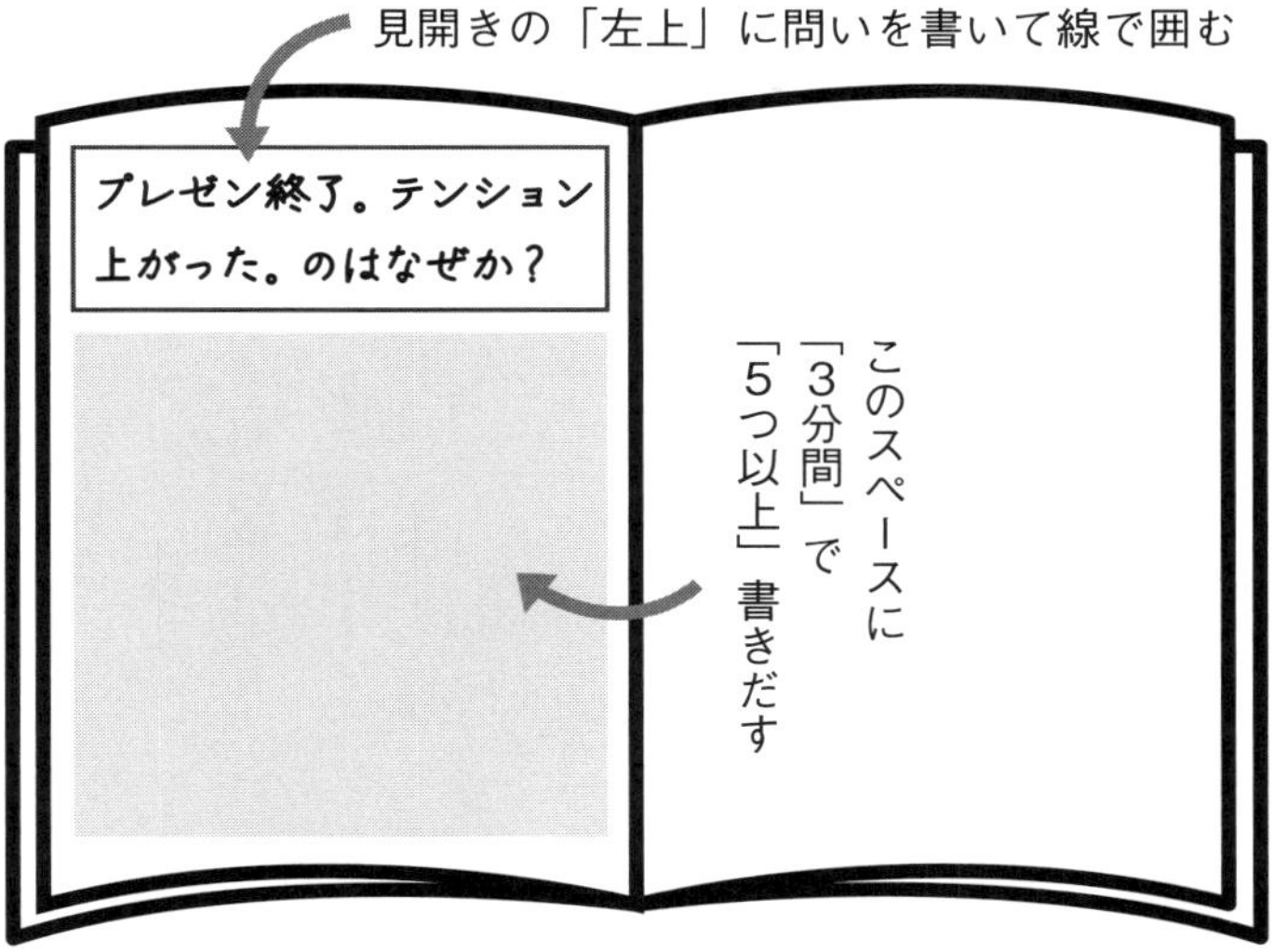
見開きの「左上」に問いを書いて線で囲む
プレゼン終了。テンション上がった。のはなぜか？
このスペースに「3分間」で「5つ以上」書きだす

きほどの問いを大きく書いてください。そして、その問いを線で囲みます（上図参照）。

これで、自分で自分の話を聞く準備が整いました。

問いが書けたら、その下のスペースに、問いに対して頭に浮かんだ言葉を「3分間」で「5つ以上」を目標に、どんどん書きだしていきます。

実際にやってみると、3分間があっというまに感じられるはずです。「時間が足りない。もうちょっと時間が欲しい」と思うかもしれませんが、それくらいのほうが人間の集中力はアップします。
ぜひ、スマホのストップウォッチ機能などを使って時間をはかりながら、少しだけ緊張感を持ってノートにペンを走らせてみてください。

それでは、3分間で5つ以上を目標に、よーいスタート！

……3分後、問いに対して頭に浮かんだ言葉が、ずらっとノートに並びます。
さきほどのプレゼンの事例だと下図のようなイメージです。

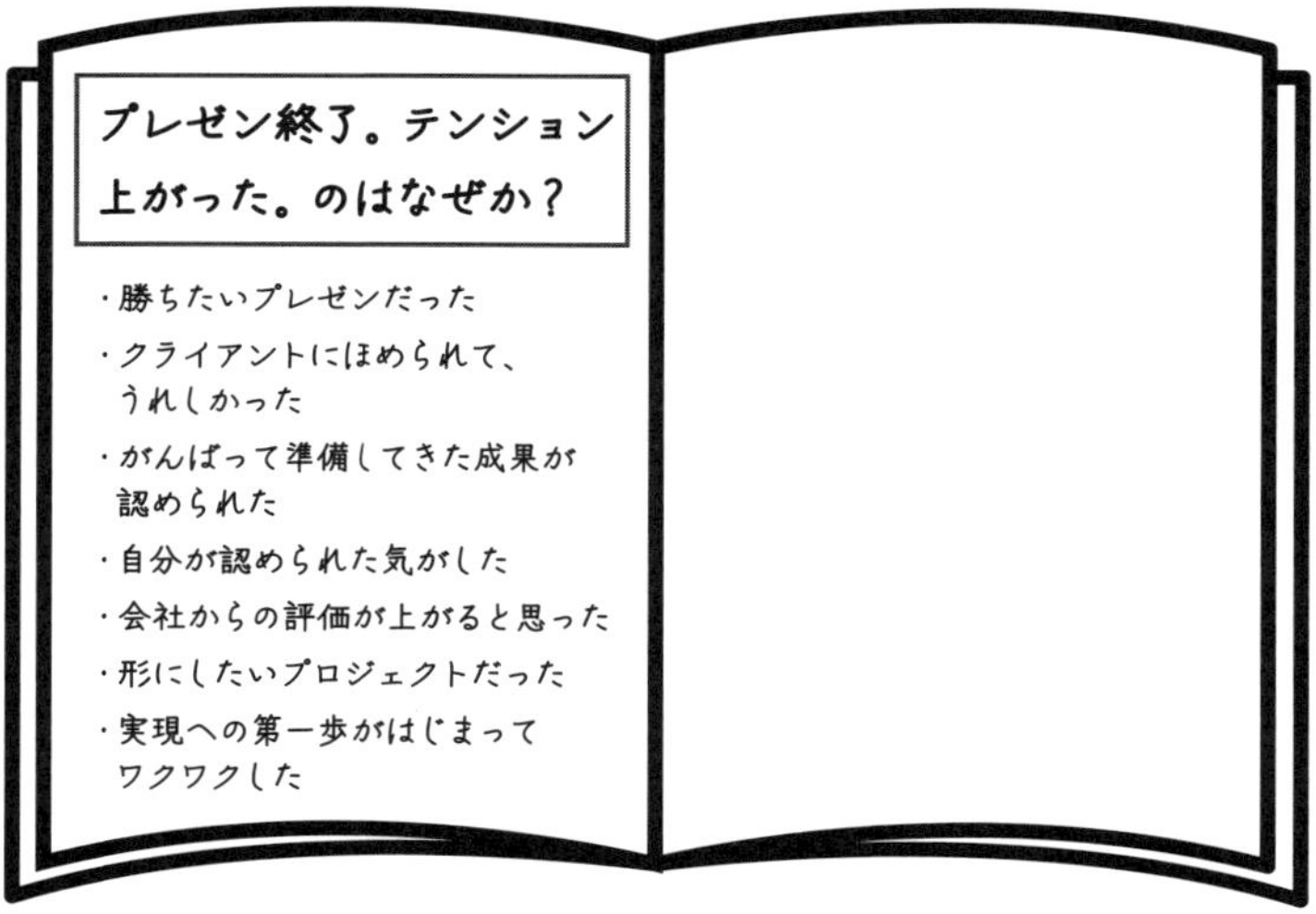
プレゼン終了。テンション上がった。のはなぜか？
・勝ちたいプレゼンだった
・クライアントにほめられて、うれしかった
・がんばって準備してきた成果が認められた
・自分が認められた気がした
・会社からの評価が上がると思った
・形にしたいプロジェクトだった
・実現への第一歩がはじまってワクワクした

POINT 4 頭に浮かんだ言葉を、そのまま文字にする

ノートに言葉を書きだすときは、きれいな文字を書く必要も、言いまわしにこだわる必要もありません。

いちばんのポイントは、頭に浮かんだ言葉をそのまま書きなぐるイメージで、どんどん文字にしていくことです。

ときには、人には言えない内容や言葉が出てくるかもしれませんが、それもそのまま書くようにしてください。

そもそも、このノートは、だれかに見せるものではありません。右図にある「会社からの評価が上がると思った」のように、なかなか人には言いづらい、でもリアルな本音も、きっと出てくるはずです。それも、恥ずかしがったり、躊躇《ちゅうちょ》したりせずに、そのまま吐きだしてしまいましょう。

それが次のステップ3で、とても重要なポイントになります。

もし頭に浮かんだことを書きだすのが難しい場合は、**「まず声に出す」**方法がおすすめです。

実際、私もコピーを書くときに、よくやっています。

頭に浮かんだことをいきなり紙に書こうとせずに、いったん声に出してみてください。

すると、書くよりも速く言葉にできて、言いまわしや表現などをなにも工夫していない、あなたの**「生の言葉」**が出てきます。

そうやって無意識のうちに思わず口から飛びだした言葉を、そのままペンで拾っていくイメージでやってみると、書きやすくなります。

POINT 5 ノートを書くタイミングは、その日の夜

ステップ2でノートに書きだすタイミングですが、おすすめは「できごと＋感じたこと」をスマホにメモした、**「その日の夜」**のひと息つける時間です。

仕事や家事が一段落したタイミングで、たった3分間ですので、ぜひ時間を確保してみてください。

そのとき、まわりの雑音が入ってこない環境で自分と向き合えると、より本音が出てきやすくなります。

ステップ2 きく 頭に浮かんだ言葉をノートに書きだす

「ノートにペンで手書き」をおすすめする3つの理由

さきほど、「ノートにペンで手書き」することをおすすめしましたが、なぜ、このスタイルがいいのでしょうか？　主に、次の3つの理由があります。

理由1　非日常な時間を持てる

あなたの普段の1日を振りかえってみてください。仕事やプライベートで、どうやって言葉や文章を書いているでしょうか？

仕事の資料や企画書も、個人的なメールやSNSも、基本的にはデジタルデバイスに文字を打ちこむことが、ほとんどではないでしょうか？

PCやスマホで書けば、保存や共有が簡単にできる。見直しもしやすい。ほかにも便利なことがたくさんありますし、当然のことだと思います。

言葉や文章をデジタルデバイスに打ちこむことは、もはや、現代の私たちにとっては「日常」の行為になっています。


ノートを使ういちばんの目的は、問いに対する答えを書きだすことではなく、問いをきっかけに自分で自分の話を聞く時間を持つことです。

自分という存在は、普段、なかなか饒舌《じょうぜつ》に語ってくれません。そこで、日常から少し離れて自分と向き合う、ある意味で「**非日常**」な時間が必要となります。

だからこそ、デジタルデバイスではなく、「ノートにペンで手書き」という少し特別な時間を持ってほしいのです。

理由2 本音が言語化されやすい

デジタルデバイスは、書いた文字を一瞬で消したり、簡単に書き直したりできます。とても便利ではありますが、頭のなかを言語化するうえでは、あまり相性がよくありません。

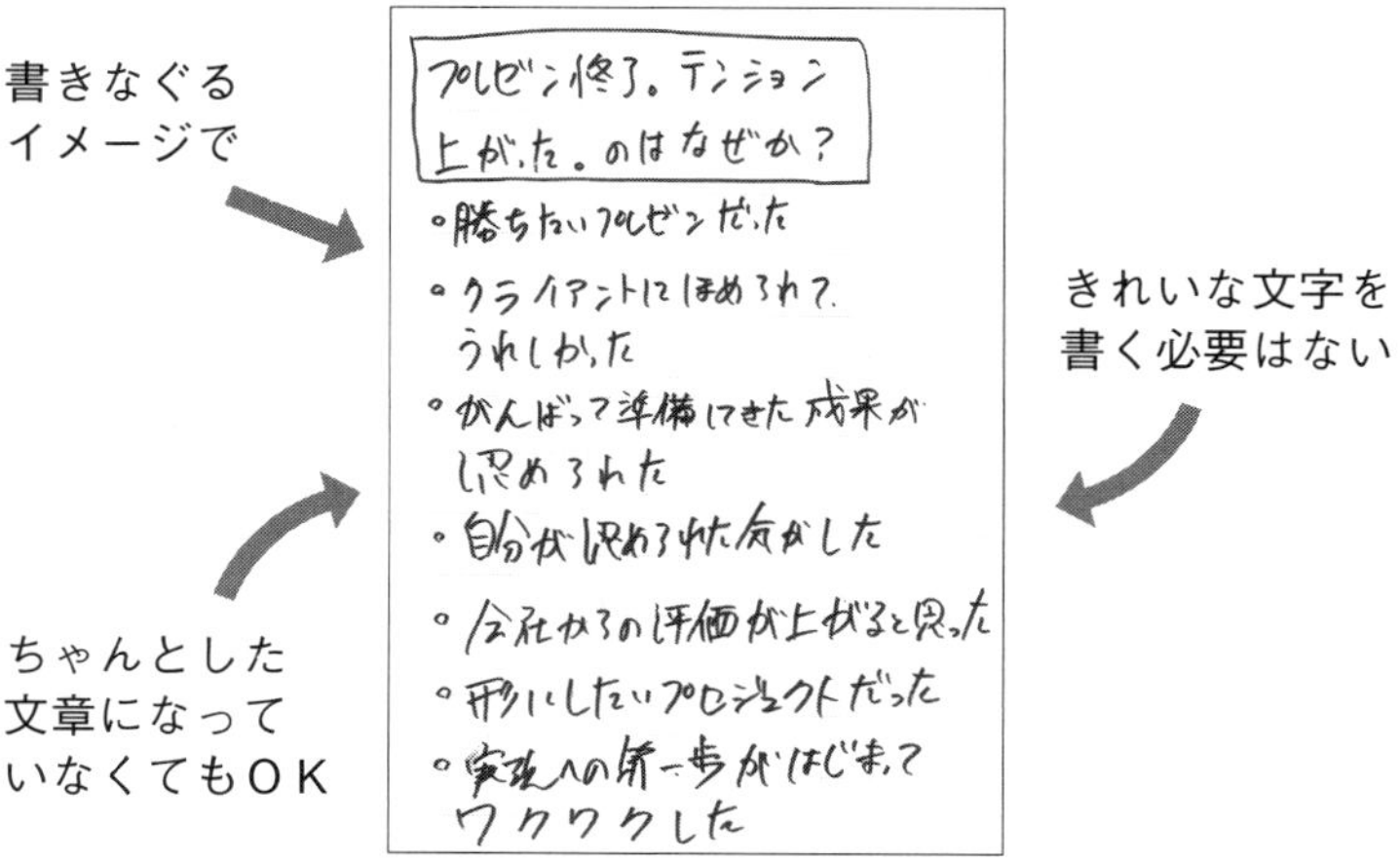
書きなぐるイメージで
きれいな文字を書く必要はない
ちゃんとした文章になっていなくてもOK
プレゼン終了。テンション上がった。のはなぜか？
・勝ちたいプレゼンだった
・クライアントにほめられて、うれしかった
・がんばって準備してきた成果が認められた
・自分が認められた気がした
・会社からの評価が上がると思った
・形にしたいプロジェクトだった
・実現への第一歩がはじまってワクワクした

実際にノートに書きだした例

そもそも、書き直すというのは、自分の書いた言葉や文章を推敲《すいこう》したり、整えたりする行為です。

「もっとちゃんとした内容にしないといけない」「もっとわかりやすい表現にしないといけない」という意識が働いていることになります。

ノートに書きだす際、頭に浮かんでくることは、いつもちゃんとしたものになっているとはかぎりません。

正しい文章になっていないことや、ときにはドロドロとした本音や恥ずかしい思いも出てきます。

ですが、それがいいのです。

そもそも、ノートに書きだした内容に

良し悪しはありません。すべて自分の頭のなかにあったことなので、すべてが正しいともいえます。

頭のなかを言語化するときは、きちんとした文章を書こうとすればするほど、うまくいきません。むしろ、**ノートにペンで書きなぐるくらいのほうが、どんどん言葉が出てくる。** 私は、そう思います。

理由3 定期的に見直せる

「ノートにペンで手書き」をおすすめする3つ目の理由は、**書きだした内容を定期的に見直せる**ことです。

実は前著では、A4の紙に書きだすトレーニング法をご紹介していて、「書いたあとの紙は捨てても構いません」とお伝えしていました。

なぜなら、頭のなかのモヤモヤを言葉に書きだすこと自体に意味があり、その内容を保管したり、定期的に見直したりする必要はないと考えていたからです。

ですが、本書の「言語化ノート術」では、このあとご説明しますが、次のステップ3で、問いに対する自分なりの「**結論**」を1行にまとめます。

その際、その「結論」がしっくりくる言葉になるように、ときには翌日以降も見直してブラッシュアップすることがあります。そのために、書きだした内容をノートに残しておくことをおすすめします。

また、言語化を習慣化することで、さまざまな問いに対する自分なりの「結論」がノートにどんどんストックされていきます。

後日、それらをあらためてながめると、自分の軸や大切な価値観、いつも悩んでいることの共通点などを新たに発見することがあります。

その具体的な事例は、次の第4章で、くわしく見ていきましょう。

◉手を動かすと、思わぬ言葉に出合える

以上、本書の「言語化ノート術」で「ノートにペンで手書き」をおすすめする3

つの理由についてお話ししました。

ちなみに私自身、キャッチコピーを考える際は、必ず一度は紙に書きだすようにしています。

真っ白な紙を目の前にして、ペンをにぎり、指先だけでなく腕全体を使って言葉をどんどん書きだしていく。

そうすることで、脳が刺激され、自分でもまったく想像していなかった言葉に出合えたことが、これまでに何度もありました。

手書きと脳の活性化の関係については、すでに世界中で、さまざまな研究報告もありますが、コピーライターとして、そのことを日々実感しています。

ノートとペンという、ちょっと非日常を感じられる道具を使うことで、せわしない日常から離れることができ、自分で自分の話を聞く時間が生まれる。そして、自分のモヤモヤとした思いや意見が次々と言語化されていく。

たった3分間なので、だまされたと思って、ぜひ一度、試してみてください。

ステップ3 まとめる
現時点での「結論」を1行で書く

最後のステップ3では、ノートに書きだした内容から、問いに対する自分なりの「結論」をまとめていきます。なぜ、思いや意見を書きだすだけではなく、まとめることが大切なのでしょうか？

そもそも、ステップ2で自分の手を動かして言語化した思いや意見は、自分にとって、どれも嘘がなく正しいものばかりです。ですが、そのままでは、どれも同じくらいのレベルで大切ということになってしまいます。

それでは、いざ人から意見を求められたり、なにかの判断をせまられたりしたときに、自分がいちばん伝えたい意見を瞬時に答えられなかったり、判断の迷いにつながったりしてしまいます。

だからこそ、言語化したあと、さらに、自分の思いや意見をまとめたり、優先順位をつけたりしながら、整理しておくことが大切になってくるのです。

たとえば、大切な会議やプレゼンの場面を想像してみてください。あなたが発言できる機会は、そう多くはないはずです。短い時間のなかで、いかに自分の思いや意見を適切に相手に伝えられるか、もう少し言うと、いかに相手から一目置かれるような発言ができるかが大事になってきます。

相手に「おっ、やるな！」と思ってもらうためには、あなたの頭のなかにある思いや意見がきちんと整理されていて、「今、これを伝えるタイミングだ！」という判断が瞬時にできる状態になっておく必要があります。

「いろいろな意見がありますが、私は◯◯をいちばん大切にしたいと思って

います。なぜなら、こう考えているからです」

一瞬のうちにそんな発言ができると、周囲は「この人は言語化力があるなぁ」と評価してくれて、より一層、あなたの話に耳を傾けてくれるようになるでしょう。

どんな問いであれ、正解は1つではありません。そんな状況で**「いちばん大切にすべきは、これです」と胸を張って自分の「結論」を言葉にできることは、答えのない今の時代において、とても価値のあること**だと思います。

さらに、自分の「結論」をはっきり言語化できていれば、仕事やプライベートで次から次へと押しよせてくる数々の難題を乗りこえていく力になる。たとえ、うまくいかなくても、納得して次に進むことができる。私は、そう考えています。

そんな「最強」の状態になるためには、ノートに書きだした言葉の数々を客観的に見つめる時間を持つこと、そして整理することが必須です。

これが、言語化力アップのために「まとめる」ことが重要な理由です。

◉言語化したあとに「選ぶ」のが難しい

ですが、言語化したことを整理したり、優先順位をつけたり、まとめたりするのが、これまた、案外、難しいのです。

なぜ、私がそう感じるのかというと、実はコピーライターの仕事で似たような場面に遭遇することが多いからです。

プロであれば、ある程度の量のコピーを書けるのは当然です。

本当に難しいのは、自分で書いたたくさんのコピーのなかから、もっともふさわしいコピーを選ぶことだ、とよく言われます。

少し話がそれますが、私は毎年、一橋大学で広告のゼミを担当していて、「キャッチコピーをいっしょに書いてみよう」という内容の講義を行っています。

学生のみなさんは、とても優秀で、本当にたくさんのコピーを書いて提出してくれます。私は、そのすべてに目を通したうえで、必ず「自分が書いたキャッチコピーのなかから、いちばんのおすすめを1つ選んで、その理由とあわせて発表してください」とお願いします。

学生のみなさんの発表を聞いていておもしろいのが、「自分としては、あまりおすすめではない」と思って発表しなかったコピーのなかに、すばらしい着眼点のものがたくさん眠っていることです。発表しなかったコピーのほうが、より魅力的なケースもよく見受けられます。

このように、自分で書いたもののなかから、どれがいちばんふさわしいかを自分で選ぶのは、本当に難しいことなのです。

だからこそ、**コピーライターは「書く力」と「選ぶ力」の両方が求められる**、と言われるのだと思います。

そして、この2つの力は、コピーライターにかぎらず、言語化力に悩むあらゆる人にとっても同じように必要な力である、というのが私の考えです。

ステップ2までで頭のなかが言語化されるだけでも充分に価値がありますし、書きだしたあとのスッキリ感はやみつきになります。

ですが、さらに、言語化したことを整理し、選んで、まとめていくステップを1

つ加えるだけで、あなたの言語化力は飛躍的にアップするはずです。

POINT 1 印象的な言葉をピックアップする

前置きが少し長くなりましたが、このステップ3では、ノートに書きだした内容から今の自分にしっくりくる言葉を選んで、まとめていきます。そのやり方を、さきほどのプレゼン後のメモを活用した事例を使いながら見ていきましょう。

まず、次のページの図のように、ノートに書きだした内容のなかから、同じ言葉や似た意味の言葉を見つけて、〇で囲むなどして印をつけてみてください。文章まるごとではなく、そのなかの「単語」レベルに注目して、何度も出てくる印象的な言葉をピックアップするイメージでやってみましょう。

すると、「ほめられる」「認められる」「評価が上がる」といった、他者からの見られ方を意識する言葉がたくさん出ていることに気づきます。これらの言葉が、問いに対するあなたの思いや意見をまとめていく手がかりとなります。

このとき、もしも、同じ言葉や似た意味の言葉が見つからない場合や、書きだした内容がまったくのバラバラで選べないときは、追加でもう3分間ステップ2を繰り返して、自分の思考を深めてみてください。

最初の3分間と追加の3分間で書きだしたことをあわせて、あらためて同じ言葉や似た意味の言葉がないかを探してみましょう。

この「印象的な言葉をピックアップする」というのは、すでに本書でお話しした内容と、とてもよ

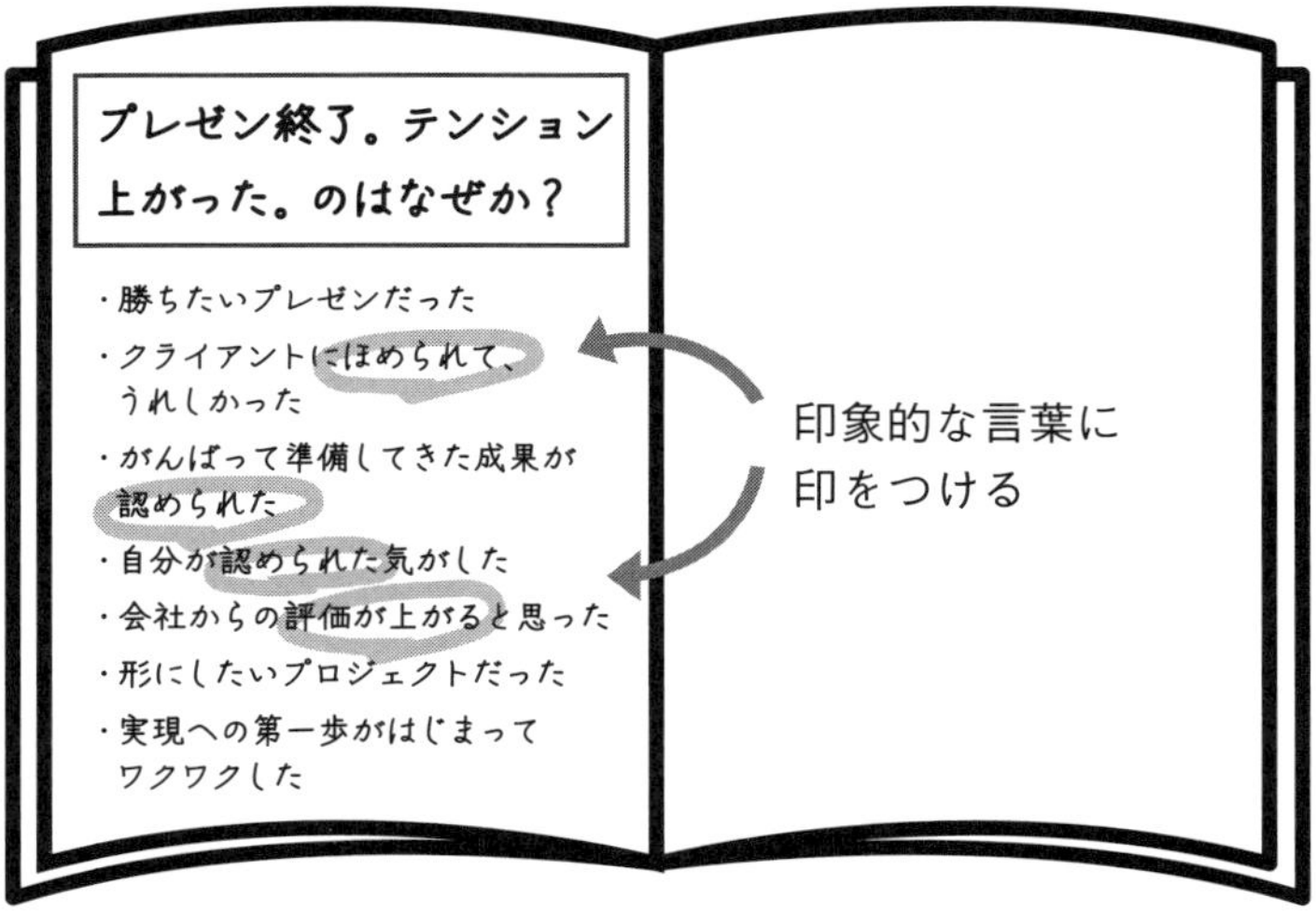

プレゼン終了。テンション上がった。のはなぜか？
・勝ちたいプレゼンだった
・クライアントにほめられて、うれしかった
・がんばって準備してきた成果が認められた
・自分が認められた気がした
・会社からの評価が上がると思った
・形にしたいプロジェクトだった
・実現への第一歩がはじまってワクワクした
印象的な言葉に印をつける

く似ていることにお気づきかもしれません。

第1章で、私は次のようなことをお話ししました（55〜56ページ参照）。

キャリアコンサルタントは常に相談者の語った「言葉」を意識し、その「言葉」に次々と関わりながらカウンセリングを進めている

キャリアコンサルタントは、相談者の話を聞きながら、特に印象的な言葉を見つけて、その言葉の意味をさらに語ってもらえるように意識しながらカウンセリングを行っていきます。

つまり、このステップ3をキャリアカウンセリングの過程になぞらえると、自分が特に大切にしている思いや意見につながる「言葉」を、自分自身で発見しながらカウンセリングしていく過程といえます。

言葉というのは素直なもので、あなたの頭のなかにある本音の思いや意見を無意識のうちに自然と反映してくれます。頭のなかの写し鏡のような存在です。

だからこそ、あらためてここで強くお伝えしたいのが、ステップ2でノートに書きだす際に、**頭に浮かんだ言葉を、自分で取捨選択せず、できるだけそのままの言葉で文字にしてほしい**ということです。

頭に浮かんだけれど「これは書かなくていいや」と勝手に判断したり、頭に浮かんだ言葉をきれいな言いまわしに変えたりすると、あなたの本当の思いや意見につながる言葉が言語化されないままになってしまいます。そうなると、このステップ3で印象的な言葉を発見しようとしても難しくなるのです。

POINT 2 シンプルな1行の「結論」にまとめる

さて、ノートから同じ言葉や似た意味の言葉、何度も出てくる印象的な言葉を見つけて印をつけたら、次は今の自分にしっくりくる1行にまとめていきます。

「まとめる」が少し抽象的なので、言いかえてみると、**「問いに対する現時点での自分なりの『結論』を出す」**ということです。

今回の事例なら、「プレゼンでテンションが上がった」理由について、今のあなたが、どうとらえているか。それを、さきほど148ページで印をつけた言葉をもとにシンプルな1行で結論づけていきます。

印をつけた言葉を参考にしながら、次のように、シンプルな1行にまとめていくイメージです。

「できごと＋感じたこと」は、

〇〇〇〇〇〇〇〇〇〇〇〇〇

今回のプレゼンの事例だと、たとえば、このようになります。

プレゼンでテンションが上がったのは、

相手に認めてもらえたから

この「結論」には、正解があるわけではありません。自分なりにしっくりくる1

行になっていたら、それで充分です。

頭のなかを一度すべて言語化したうえで、そのなかから自分にとっていちばんしっくりくる1行にまとめてみる。すると、思考が整理されるだけでなく、きっと記憶にも残りやすくなるはずです。

ぜひ、自分だけの辞書をつくるような感覚で素直にまとめてみてください。

この「結論」は、ノートの見開きのページの「**右上段**」に大きく書いて、線で囲みます（左図参照）。後日、見返したときに、すぐにわかるようにするためです。

もしも、「結論」としてまとめた文章になんとなく違和感があるときは、その場ではあまり悩まずに、翌日以降の時間のあるときに、あらためて見直してブラッシュアップすることをおすすめします。少し時間を置いたほうが、自分にとって、よりしっくりくる表現が見つかることが多いからです。

コピーライターも、書いたコピーを一度「寝かせて」、翌日以降にあらためて見直してブラッシュアップすることをよくやります。

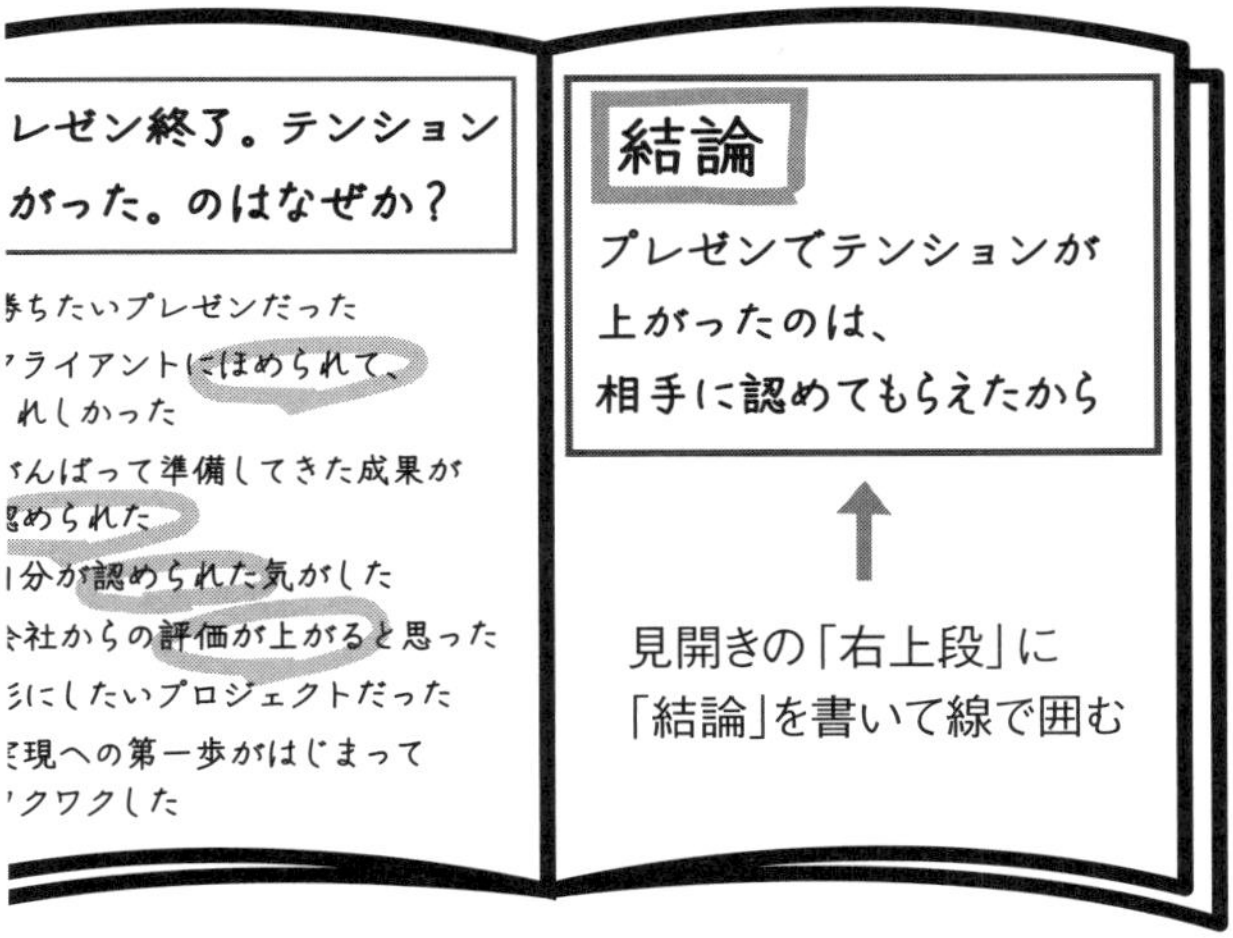
レゼン終了。テンション
がった。のはなぜか？
ちたいプレゼンだった
ライアントにほめられて、
れしかった
んばって準備してきた成果が
められた
分が認められた気がした
社からの評価が上がると思った
にしたいプロジェクトだった
現への第一歩がはじまって
クワクした
結論
プレゼンでテンションが
上がったのは、
相手に認めてもらえたから
見開きの「右上段」に
「結論」を書いて線で囲む

時間を置くと自分の書いた内容を客観的に見ることができ、「こういう言葉のほうがわかりやすいな」といった新たな発見や気づきを得やすいものです。

自分なりにしっくりくる1行にまとめられたときの気持ちよさも味わえますので、ぜひ定期的にノートを見直して「結論」をブラッシュアップしてみてください。

このステップ3までを日々の習慣にするだけで、さまざまな問いやテーマについての自分なりの「結論」が、端的な言葉で自分のなかにストックされていきます。

その積み重ねが、どんなときも一瞬で言語化できる自分をつくっていくことにつながります。

ステップ3　まとめる

現時点での「結論」を1行で書く

おまけのステップ そなえる 今後の「行動」まで言語化しておく

さて、ここまで、「ためる」→「きく」→「まとめる」の3ステップで、頭のなかを言語化するメソッドをご紹介しました。

復習になりますが、この「言語化ノート術」を習慣にすれば、次の2つが自然と言語化されます。

自分が経験したこと（WHAT）の言語化

↓

なぜ、自分がそう感じたのか（WHY）の言語化

このステップ3まででも充分ですが、この章の最後に、時間に余裕のあるときに試してほしい、おまけのステップについてお話しします。

それが「**そなえる**」です。

せっかく「結論」としてまとめたあなたの思いや意見を、これからにどう活かしていくのか、その具体的な「**行動**」まで言語化しておくステップになります。

まさに、次のようなイメージです。

自分が経験したこと（WHAT）の言語化
←
なぜ、自分がそう感じたのか（WHY）の言語化
←
自分は、これからどうしたいか（HOW）の言語化

仕事でも、プライベートでも、過去に経験したことと同じような場面に遭遇する機会は少なくありません。そのとき、この3つがセットで言語化されていると、いざというときの対応力が一気に高まります。

たとえば、会議のときに、「あなたは、どう思う?」という質問に瞬時に答えられるだけでなく、「あなたは、どうすればいいと思う?」という質問にも瞬時に答えられるようになるからです。

この「そなえる」ステップで「行動」まで言語化するとはどういうことかを、さきほどのプレゼンの事例をもとにご紹介すると、次のようになります。

行動

- **どうすれば相手に納得感を持ってもらえるかを意識する**
- **相手の評価ポイントを事前に調べ、プレゼンの内容に反映する**
- **クライアントだけでなく、自分のチームからも評価される行動を**

「そなえる」のステップでは、自分でまとめた「結論」をもとに、「そこにつながる行動とはなにか?」を考えて言葉にしていきます。

今回のプレゼンの事例だと、「相手に認めてもらえる」ために必要な行動を書きだしていくイメージです。

具体的な行動の内容を書きだしてもいいですし、自分の行動指針のような少し抽象的な内容でも構いません。また、書きだす数についても指定はありません。

このおまけのステップでいちばん重要なのは、「自分にとっては◯◯が大切だから、△△に取り組んでいく」ということまで、しっかり言語化しておくことです。

このように今後の「行動」まで言語化しておくと、同じような場面のときに行動や判断の軸を持てるようになり、さらにいい成果や評価に結びつく可能性が高くなります。もし余裕があれば、こちらも、ぜひ一度、試してみてください。

今後の「行動」を言語化できたら、これをノートの見開きのページの「**右下段**」に書いておきます。さきほどの「結論」の下のスペースです（左図参照）。

この右下段のスペースは、言語化した今後の「行動」や、翌日以降にノートを見直して気づいたことなどを自由に書きこめる「**メモ欄**」です。アレンジしながら自由に使ってみてください。

さて、ここまで、「言語化ノート術」の3ステップ「ためる」→「きく」→「ま

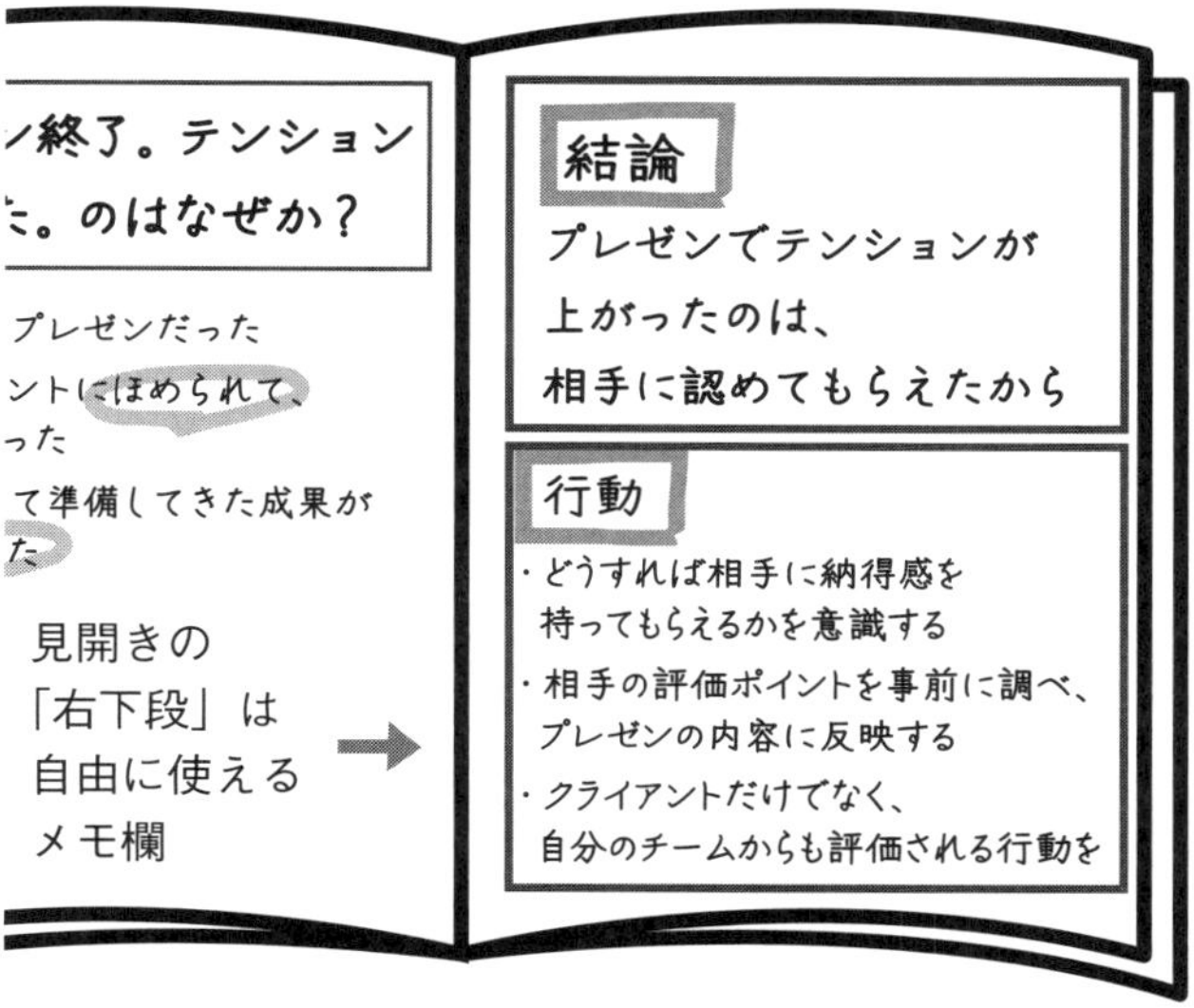
ン終了。テンション
た。のはなぜか？
プレゼンだった
ントにほめられて、
った
て準備してきた成果が
た
見開きの「右下段」は自由に使えるメモ欄
結論
プレゼンでテンションが上がったのは、相手に認めてもらえたから
行動
・どうすれば相手に納得感を持ってもらえるかを意識する
・相手の評価ポイントを事前に調べ、プレゼンの内容に反映する
・クライアントだけでなく、自分のチームからも評価される行動を

とめる」＋おまけのステップ「そなえる」を、プレゼンという1つの事例をもとに丁寧にご紹介してきました。

次の第4章では、このメソッドがよりイメージしやすくなるように、ほかの事例をご紹介しながら、「言語化ノート術」を習慣化していくうえでの具体的な実践ポイントもお伝えしていきます。

次の章に進む前に、あらためて「言語化ノート術」のフォーマットと今回のプレゼンの事例を振りかえっておきましょう。

フォーマット

「言語化ノート術」

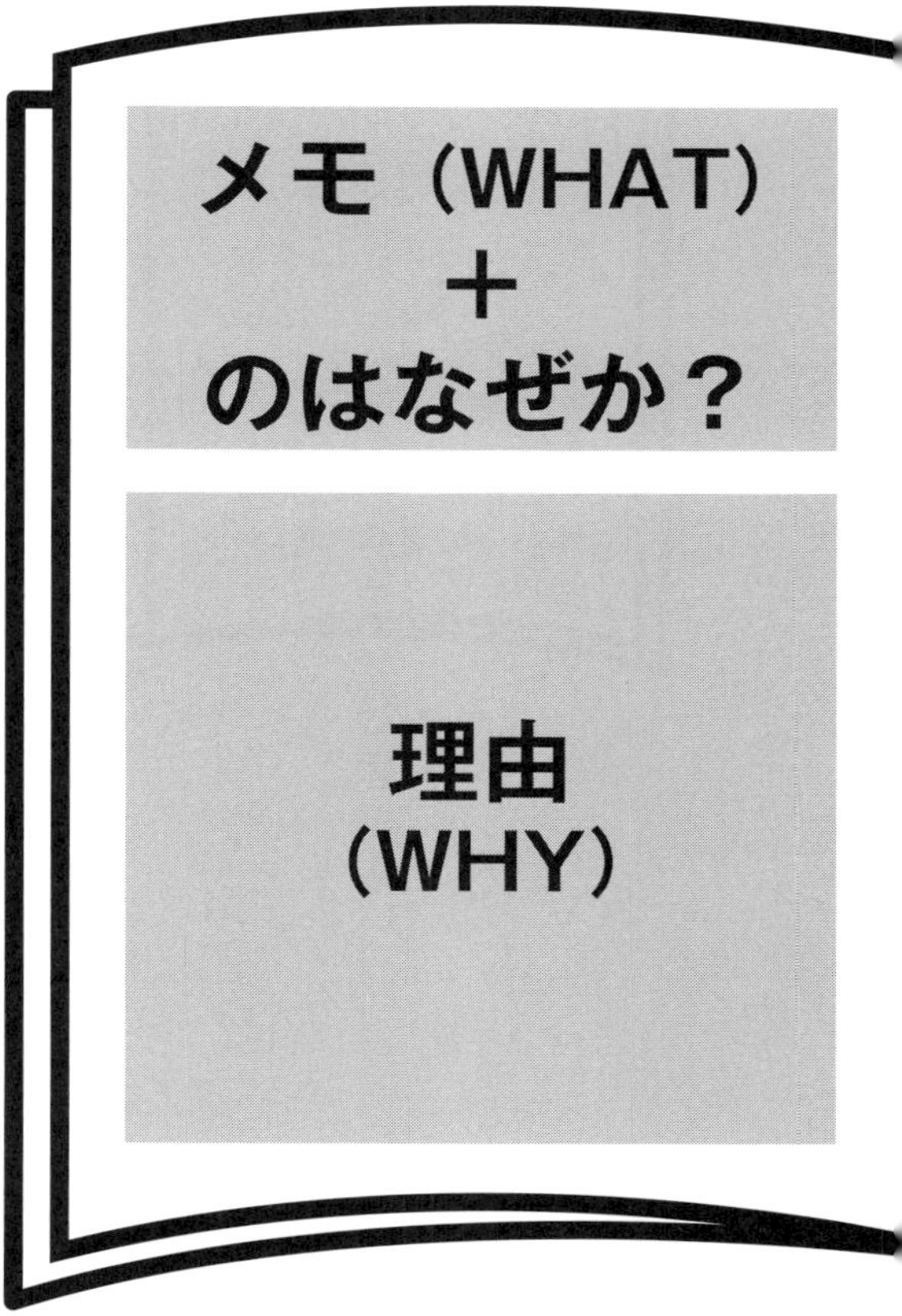

今回のプレゼンの事例

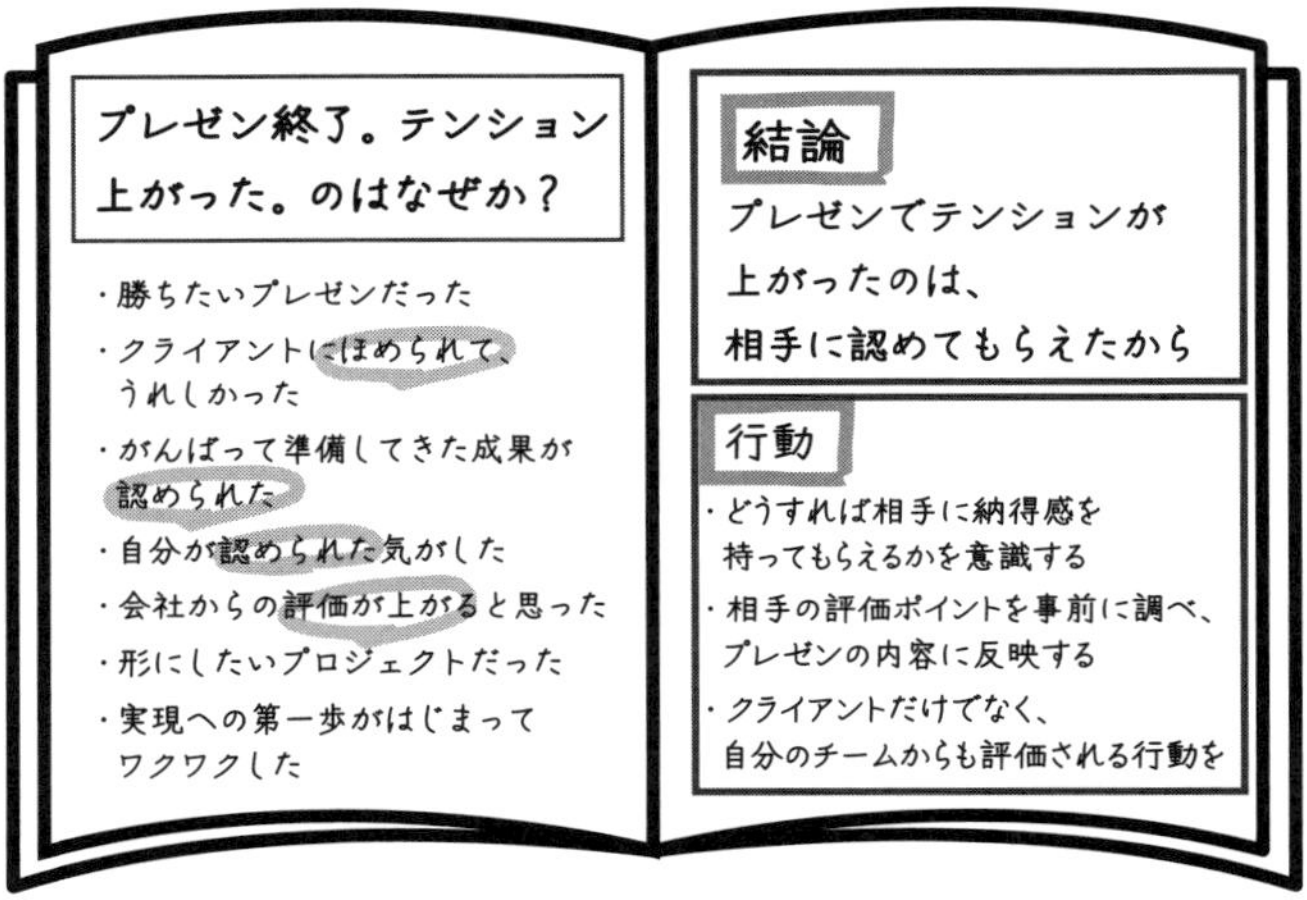
プレゼン終了。テンション上がった。のはなぜか？
・勝ちたいプレゼンだった
・クライアントにほめられて、うれしかった
・がんばって準備してきた成果が認められた
・自分が認められた気がした
・会社からの評価が上がると思った
・形にしたいプロジェクトだった
・実現への第一歩がはじまってワクワクした
結論
プレゼンでテンションが上がったのは、相手に認めてもらえたから
行動
・どうすれば相手に納得感を持ってもらえるかを意識する
・相手の評価ポイントを事前に調べ、プレゼンの内容に反映する
・クライアントだけでなく、自分のチームからも評価される行動を

第4章

実践

「言語化ノート術」5日間体験

たった5日間でも確実に効果が出る

この第4章では、新たに5つの事例をいっしょに見ていきながら、「言語化ノート術」の実践イメージをつかんでいただきます。

「第3章で実践方法を学んで、なんとなくわかった気がするけど、1人でやるとなると本当にできるのだろうか？」

そのように感じたあなたにも、この章を読み終えるころには、きっと「これなら1人でもやれそうだ」と思ってもらえるはずです。

◉30代会社員のリアルな実践過程

今回、この第4章の事例としてとりあげるのは、ある30代の男性に実際に5日間

「言語化ノート術」を実践してもらった過程です。

この方を仮に「Kさん」とお呼びしましょう。Kさんは、東京都内のあるメーカーに勤める会社員です。

ご紹介するエピソードは、すべて実話です。実際にKさんに実践してもらったメモやノートをそのまま掲載しているので、とてもリアルな内容になっています。

あなたの日常にも起こりうることが次々と登場しますので、Kさんをあなた自身だと思って読み進めてみてください。より理解が深まると思います。

また、この章の後半に進むにつれて、Kさんが「言語化ノート術」に、どんどん慣れていく様子がわかります。

ノートに書きだす内容のクオリティーが上がったり、「結論」をすばやくまとめられるようになったりするKさんの成長にも、ぜひ注目してみてください。

たった5日間でも、続けると確実に効果が出ています。このメソッドのすごさを実感してもらえるはずです。

それでは、さっそく、Kさんの具体的な事例をいっしょに見ていきましょう。

実践
1日目

謝らない先輩にモヤモヤした

会社でも、学校でも、「先輩・後輩」という関係はつきものです。
Kさんは、この日、会社の先輩の態度にモヤモヤすることがありました。
そして、そのモヤモヤの正体を「言語化ノート術」で言語化していきます。

先輩Lさんのミスで余計な仕事を抱えることになったKさん。それについて、先輩Lさんからは、ひと言の謝罪もありません。
そんな先輩Lさんの態度にモヤモヤしたKさんは、仕事の合間に、次のようなメモをスマホにサッと残しました（**ステップ1「ためる」**）。

「ごめん」のひと言もない先輩に（できごと）＋**モヤモヤした。**（感じたこと）

その日の夜、Kさんはスマホのメモを見返しました。そして、そのメモの最後に「のはなぜか？」の6文字を足して、問いをつくります。

Q 「ごめん」のひと言もない先輩にモヤモヤした。のはなぜか？

これをノートの左上に書いて線で囲みました。そのあと、スマホのストップウォッチ機能を使って3分間はかりながら、問いの下のスペースに頭に浮かんだ言葉を書きだしていきました（**ステップ2「きく」**）。

頭のなかのモヤモヤをノートに書きだしたKさんは、さらに、次のページの図のように同じ言葉や似た意味の言葉に印をつけて、自分なりの「結論」をまとめてみました（**ステップ3「まとめる」**）。

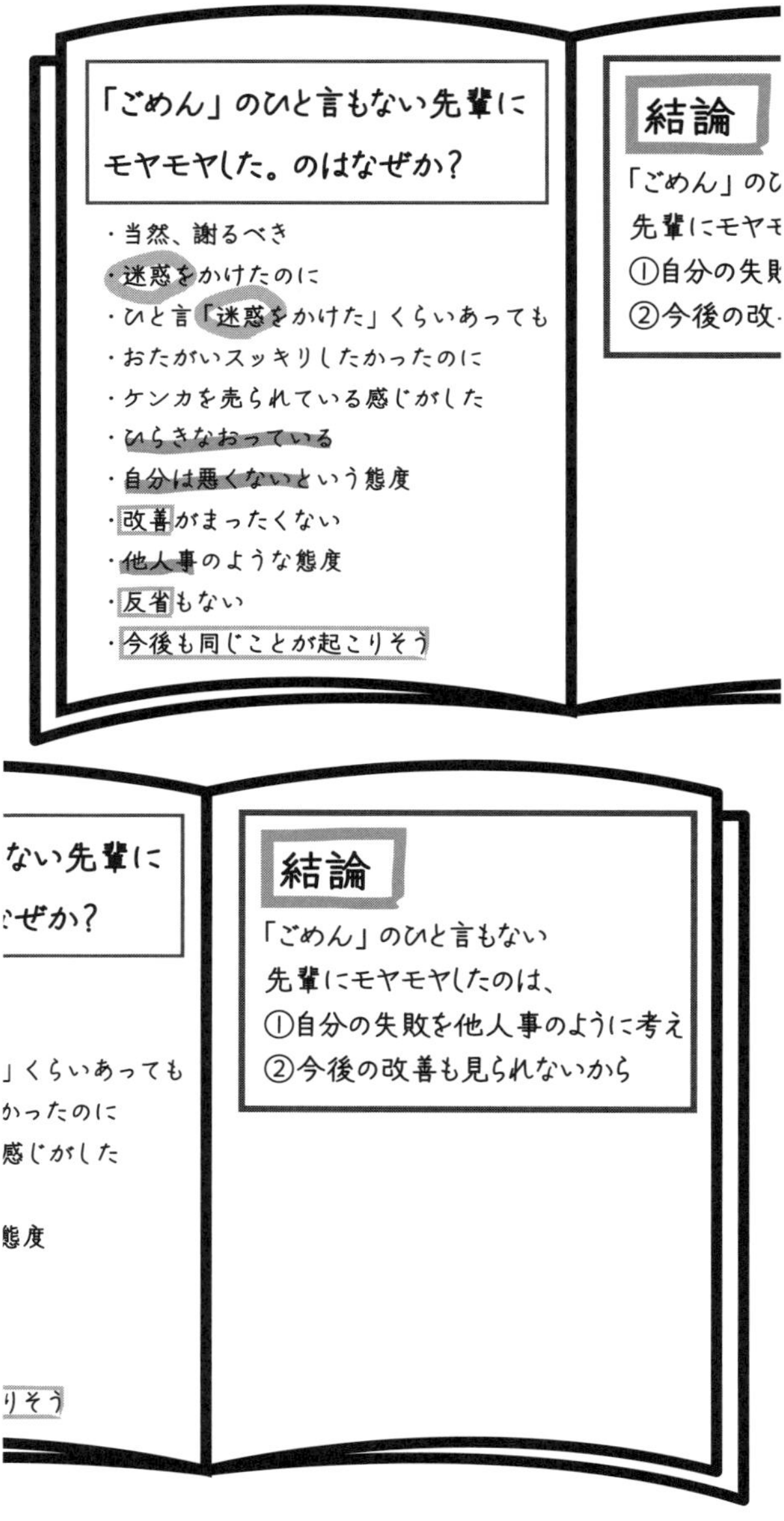
「ごめん」のひと言もない先輩に
モヤモヤした。のはなぜか？
・当然、謝るべき
・迷惑をかけたのに
・ひと言「迷惑をかけた」くらいあっても
・おたがいスッキリしたかったのに
・ケンカを売られている感じがした
・ひらきなおっている
・自分は悪くないという態度
・改善がまったくない
・他人事のような態度
・反省もない
・今後も同じことが起こりそう
結論
「ごめん」のひと言もない
先輩にモヤモヤしたのは、
①自分の失敗を他人事のように考え
②今後の改善も見られないから

いかがでしたか？　Kさんの事例から、どのように「言語化ノート術」を実践していくのか、具体的なイメージが少しふくらんだのではないかと思います。

ここで、実践でのチェックポイントを、いくつかおさえておきましょう。

CHECK 1 ネガティブな感情も、そのまま書く

今回のKさんのように、人間関係についてのネガティブな「できごと＋感じたこと」をメモするケースも当然あるでしょう。

その場合、ステップ2でノートに書きだす際に、自分のモヤモヤの原因を相手のせいにしたり、相手を責めたりする内容ばかりになってしまうことがあります。

たとえば、事例のなかの「当然、謝るべき」「迷惑をかけたのに」「ひと言『迷惑をかけた』くらいあっても」などが、そうです。

このように、人のことを一方的に悪く書いてしまっていいのか、もしかしたら不安になる人もいるかもしれません。

ネガティブかどうかにかかわらず、頭に浮かんだ言葉のままに、どんどん書きだしてみてください。そのまま吐きだすことが、ステップ2の最重要ポイントです。

嫌なことがあったときにネガティブな感情になるのは、人間として自然なことです。罪悪感を抱く必要は、まったくありません。1つだけ気をつけるとすれば、**ノートをだれかに見られないようにする**ことだけです。

頭に浮かんだ言葉をノートに書きだすうちに、あなたのモヤモヤの理由が相手のどんな点にあるのか、自然と解像度の高い言葉で言語化されていきます。

たとえば、Kさんのノートの後半部分に「自分は悪くないという態度」「他人事のような態度」「今後も同じことが起こりそう」といったように、「なんとなく」モヤモヤしていた理由が、具体的な言葉になっているのがわかります。

CHECK 2 「結論」は2行になってもOK

ステップ3で、Kさんは、「結論」を1行ではなく2行でまとめました。

あとでKさんに話を聞いてみると、「どちらか片方よりも、両方が合わさったほうが、自分のなかで、よりしっくりきたので」とのことでした。

基本のやり方として「1行でまとめる」ことを第3章でお伝えしましたが、同じ言葉や似た意味の言葉を選んだあとに、大きく2つの軸がありそうだと思った場合は、Kさんのように**2行で「結論」をまとめてもOK**です。

実践していくなかで、あなたのまとめやすい形式にアレンジしてもらって、まったく問題ありません。

まとめた「結論」に自分的に納得感があるかどうかが、いちばん大切です。

CHECK 3 結論の普遍化

さらに、「結論」について、少し補足をさせてください。

Kさんは、今回、ステップ3で次のように「結論」をまとめました。

BEFORE

結論

「ごめん」のひと言もない先輩にモヤモヤしたのは、
①自分の失敗を他人事のように考え
②今後の改善も見られないから

これでも充分、先輩Lさんへのモヤモヤの理由を言語化できていますが、この「結論」の抽象度を上げて「**普遍化**」することもできます。
次のようなイメージです。

AFTER

結論

人にモヤモヤするのは、
①自分の失敗を他人事のように考え
②今後の改善も見られないから

このように、ある特定のできごとをきっかけに言語化した自分の「結論」を、より広い意味でとらえて、ほかの場面にも応用できるかたちにすることもできます。

これを本書では「**結論の普遍化**」と呼ぶことにします。

「結論の普遍化」のやり方は、いたってシンプルです。

今回の事例だと、最初の「結論」の「『ごめん』のひと言もない先輩に」「した」の部分を「人に」「する」に変えただけです。「具体的な相手&過去形」を「普通名詞&現在形」に変えるだけで、一気に普遍化できます。

この「結論の普遍化」を行うと、どんなメリットがあるのでしょうか?

たとえば、事前に「人にモヤモヤするのは、◯◯のとき」と自分のモヤモヤポイントを普遍化できていると、先輩Lさん以外の人間関係で似たようなことが起こりそうになったときにも、「◯◯になるのだけは避けよう」と気をつけることができて、心を乱されたり、感情的になったりすることを確実に減らすことができます。

余裕があれば、あなたもぜひ「結論の普遍化」にトライしてみてください。

実践
2日目

帰り際に仕事をふられてイライラした

「あれ、またネガティブな事例？」と思われたかもしれません。Kさん、仕事でかなりストレスがたまっているようですね。

仕事をしていると、ちょっとしたイライラやモヤモヤはつきものです。1つひとつは小さなことかもしれませんが、その理由をしっかり言語化できていないと、知らず知らずのうちに大きなストレスを抱えることにつながってしまいます。日ごろから頭のなかを言語化する習慣ができると、その日のうちに感情や思考の整理ができて、小さなストレスの段階で対処できます。

それでは、2日目、Kさんに、どんなことが起こり、どのように頭のなかを言語化したのか、その様子をいっしょに見ていきましょう。

Kさんが仕事を終えて帰ろうとしていると、上司Mさんから「急ぎの案件なんだけど、今日中に資料をまとめてもらえない?」とチャットが来ました。

このチャットを見たKさんは思わずイラッとして、次のようなメモをスマホに残しました（**ステップ1「ためる」**）。

できごと
帰り際に仕事をふられて
＋
感じたこと
イラッとした。

その後、Kさんは急いで資料をまとめると、上司Mさんに送付して会社を出ましたが、どうもイライラがおさまりません。

まっすぐ家に帰る気分になれず、駅前のカフェに入ると、さきほどのメモの最後に「のはなぜか?」の6文字を足して、問いをつくりました。

Q 帰り際に仕事をふられてイラッとした。のはなぜか？

これをノートの左上に書いて線で囲みました。そして、スマホのストップウォッチ機能を使って3分間はかりながら、問いの下のスペースに頭に浮かんだ言葉を書きだしていきました（**ステップ2「きく」**）。

イライラを一気に吐きだして少し落ちついたKさんは、そのままの流れで、ノートに書きだした内容から同じ言葉、似た意味の言葉に印をつけて、次のページのように「結論」をまとめてみました（**ステップ3「まとめる」**）。

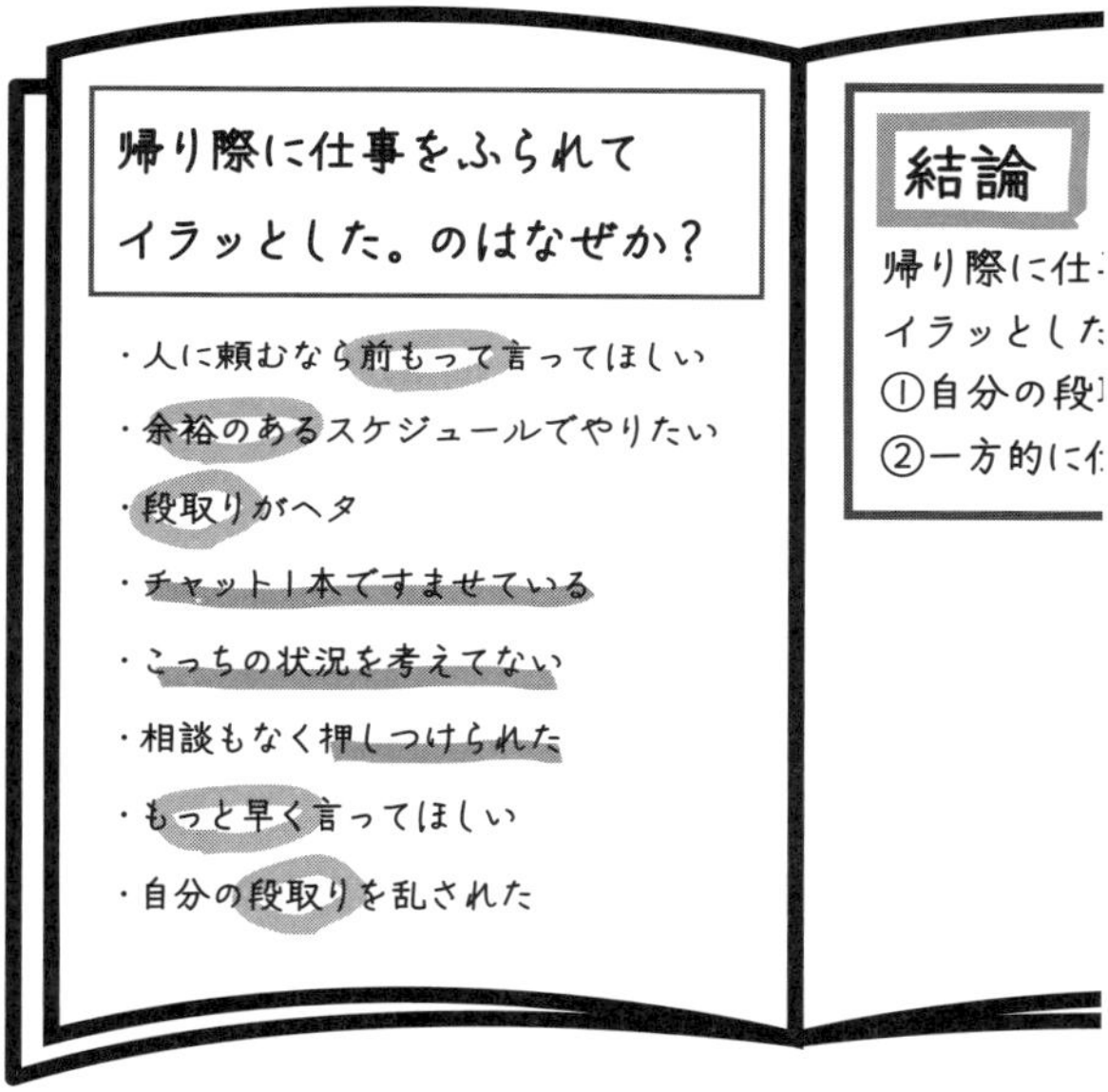
帰り際に仕事をふられて
イラッとした。のはなぜか？
・人に頼むなら前もって言ってほしい
・余裕のあるスケジュールでやりたい
・段取りがヘタ
・チャット1本ですませている
・こっちの状況を考えてない
・相談もなく押しつけられた
・もっと早く言ってほしい
・自分の段取りを乱された
結論

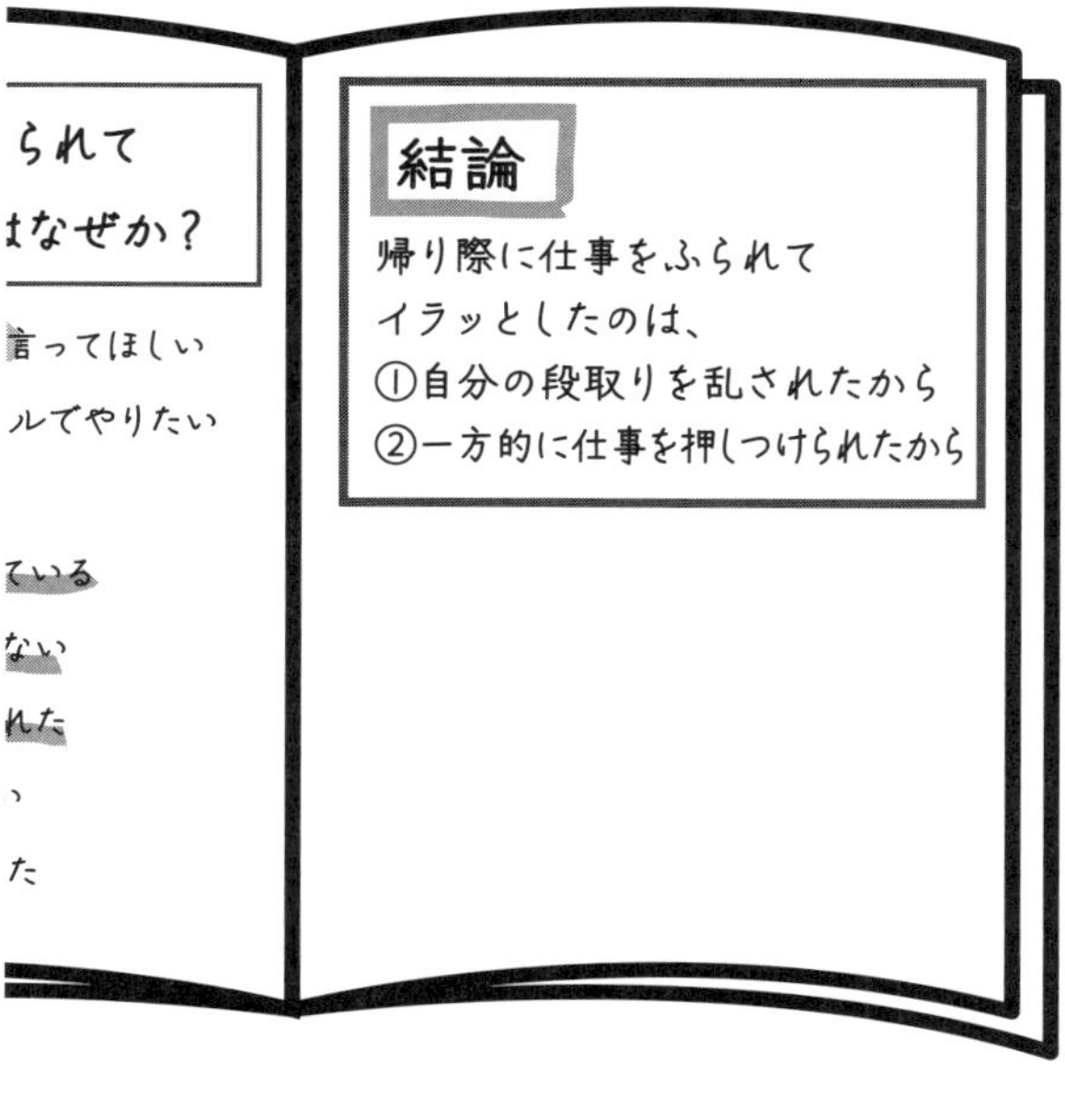
結論
帰り際に仕事をふられて
イラッとしたのは、
①自分の段取りを乱されたから
②一方的に仕事を押しつけられたから

Kさんの2日目の事例、いかがでしたか？

1日目と似たようなネガティブなできごとでしたが、まとめた「結論」は、かなり違ったものになりました。

ネガティブな感情におちいる状況にも、いろいろなパターンがある。そんな発見も「言語化ノート術」の習慣化による効果の1つといえます。

さて今回は、あなたが「言語化ノート術」を実践していくなかで、おそらくいちばん悩むことになるであろうステップ3「まとめる」について、もう少し丁寧に解説していきたいと思います。

CHECK 4 まず特徴的な言葉を見つける

Kさんがステップ2で書きだした内容を「単語」レベルで見てみると、「段取り」という言葉が2回出てきます。これは、Kさんが仕事をするうえで「段取り」

を大切にしていることのあらわれだと考えられます。

ほかに「段取り」に似た意味の言葉がないか探すと、「前もって」「余裕のある」「もっと早く」というフレーズが見つかります。それらの言葉をグルーピングするイメージで同じ印をつけてみてください。


さらに、「段取り」に関連する言葉以外で、特徴的な言葉がほかにないか探してみると、「押しつけられた」という言葉が見つかります。

これは「段取り」とは、まったく違う意味の言葉です。

上司Mさんの仕事のふり方に対して感じたイライラが強い言葉で表現されている特徴的な言葉なので、さっきの「段取り」とは違う印をつけます。

ほかに「押しつけられた」に似た意味の言葉がないか探すと、「チャット1本ですませている」「こっちの状況を考えてない」という言葉が見つかります。この2つの言葉にも同じ印をつけてグルーピングします。


このように、ステップ3「まとめる」では、まず特徴的な言葉を見つけて、そのあとに、それに似た意味の言葉を探すと「結論」をまとめやすくなります。

CHECK 5 「結論」は「ゆるく」まとめる

今回、ノートに書きだした内容には、2つの言葉のグループができました。

Kさんがイラッとした理由には、どうやら2つの軸がありそうなので、それらをそのまま素直に2つの「結論」にまとめています。

Kさんは、まず、1つ目のグループの「段取り」「前もって」「余裕のある」「もっと早く」のなかから「段取り」という言葉を選んで「結論」をまとめました。

> **結論**
> **帰り際に仕事をふられてイラッとしたのは、**
> **①自分の段取りを乱されたから**

結果的に2回出てきた「段取り」に集約して「結論」をまとめていますが、このまとめ方に厳密なルールはありません。

たとえば、ほかにも、同じグループとして印をつけた「前もって」「余裕のある」「もっと早く」という言葉も組み合わせながら、

①前もって段取りをしておきたいから
①余裕のある段取りで進めたいから
①もっと早く段取りを組みたいから

などとするのも、いいまとめ方です。

Kさんは、続いて、2つ目のグループの「押しつけられた」「チャット1本ですませている」「こっちの状況を考えてない」のなかから「押しつけられた」をチョイスして、もう1つの「結論」をまとめました。

結論
帰り際に仕事をふられてイラッとしたのは、
②一方的に仕事を押しつけられたから

こちらも、最初に目についた「押しつけられた」を使ってまとめています。
ほかにも、さきほどのように、同じグループとして印をつけた別の言葉と組み合わせて、次のようにまとめてもＯＫです。

②チャットだけで一方的に押しつけられたから
②チャット１本で押しつけられた気がしたから
②こっちの状況を考えずに押しつけてきたと感じたから

「結論をまとめる」というと、「これで最終決定！」みたいなイメージがあるかもしれませんが、**この「結論」は翌日以降に見直して何度でも書き直せますので、あまりガチガチに考えずに「ゆるく」考えてみてください。**なにより大切なのは、**今のあなたにしっくりくる言葉でまとめられているかどうか**です。

ここまで、１日目、２日目の事例を見てきました。
Ｋさんは、どちらの日も結果的に２つの「結論」にまとめましたが、実は補足でこんなコメントをもらいました。

「どちらもネガティブな事例でしたが、もしかしたら私は、２つ以上の原因が重なると、急激にストレス度が高まるのかもしれません。原因が１つだけだったら、特に問題なくやりすごせるような気がします」

とてもおもしろい仮説だと思いませんか?

自分について、そんな新たな発見があるのも「言語化ノート術」の効果の１つ。

そんなことがわかって、私自身、うれしいおどろきがありました。

ぜひ、あなたも「言語化ノート術」を、自分のことを知るきっかけとして活用してみてください。

実践
3日目

クライアントにほめられて、うれしかった

ここまでの事例を読んで、仕事で悩みを抱えるKさんのことが少し心配になったのは、きっと私だけではないはずです。ですが、3日目にして、Kさんにもうれしいできごとがあったようです。よかったですね。

では、さっそく、3日目のKさんの様子をいっしょに見ていきましょう。


朝、Kさんが出社すると、先輩Nさんが小走りでやってきました。

先輩Nさんは、昨晩、ある交流会に参加していて、偶然、Kさんが最近担当することになったクライアントの担当者といっしょになったそうです。

Kさんが担当になって、まだ日は浅いのですが、クライアントの担当者はずいぶ

んKさんのことをほめていたと、先輩Nさんは教えてくれました。

先方の担当者は「Kさんはとても丁寧で、やりとりもスムーズで、本当に助かっています。おかげさまで、先月から弊社の実績もかなりよくなっています。これからもよろしくお願いしますね」と笑顔で語っていたとのこと。

Kさんは、先輩Nさんの話を聞いてうれしくなり、思わずスマホにメモをしました（**ステップ1「ためる」**）。

できごと
自分のいないところでクライアントにほめられて、
＋
感じたこと
うれしかった。

その日、終始気分よく仕事ができたKさんは、帰宅してメモを見返しながら、再び喜びをかみしめました。

そのあと、「このことを忘れないでおこう」と思って、メモの最後に「のはなぜか？」の6文字を足して、問いをつくりました。

Q 自分のいないところでクライアントにほめられて、うれしかった。のはなぜか？

これをノートの左上に書いて線で囲みました。そして、スマホのストップウォッチ機能を使って3分間はかりながら、問いの下のスペースに頭に浮かんだ言葉を書きだしていきました（**ステップ2「きく」**）。

「言語化ノート術」に慣れてきたKさんは、その流れで一気に、ノートに書きだした内容から同じ言葉、似た意味の言葉に印をつけて、「結論」をまとめるところまでやってみました（**ステップ3「まとめる」**）。

その内容が、次のページです。

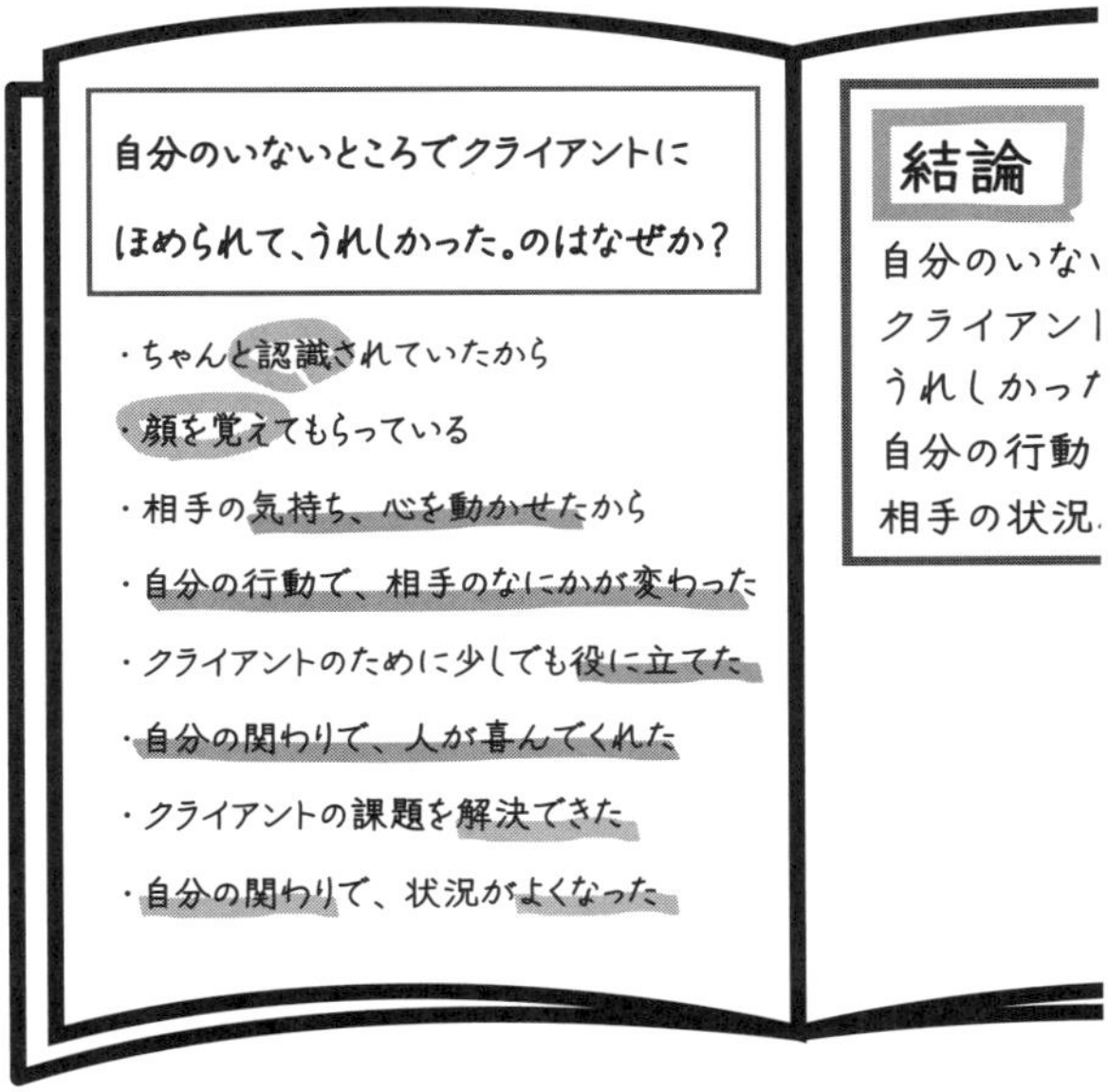
自分のいないところでクライアントに
ほめられて、うれしかった。のはなぜか？
・ちゃんと認識されていたから
・顔を覚えてもらっている
・相手の気持ち、心を動かせたから
・自分の行動で、相手のなにかが変わった
・クライアントのために少しでも役に立てた
・自分の関わりで、人が喜んでくれた
・クライアントの課題を解決できた
・自分の関わりで、状況がよくなった
結論
自分のいない
クライアント
うれしかっ
自分の行動
相手の状況

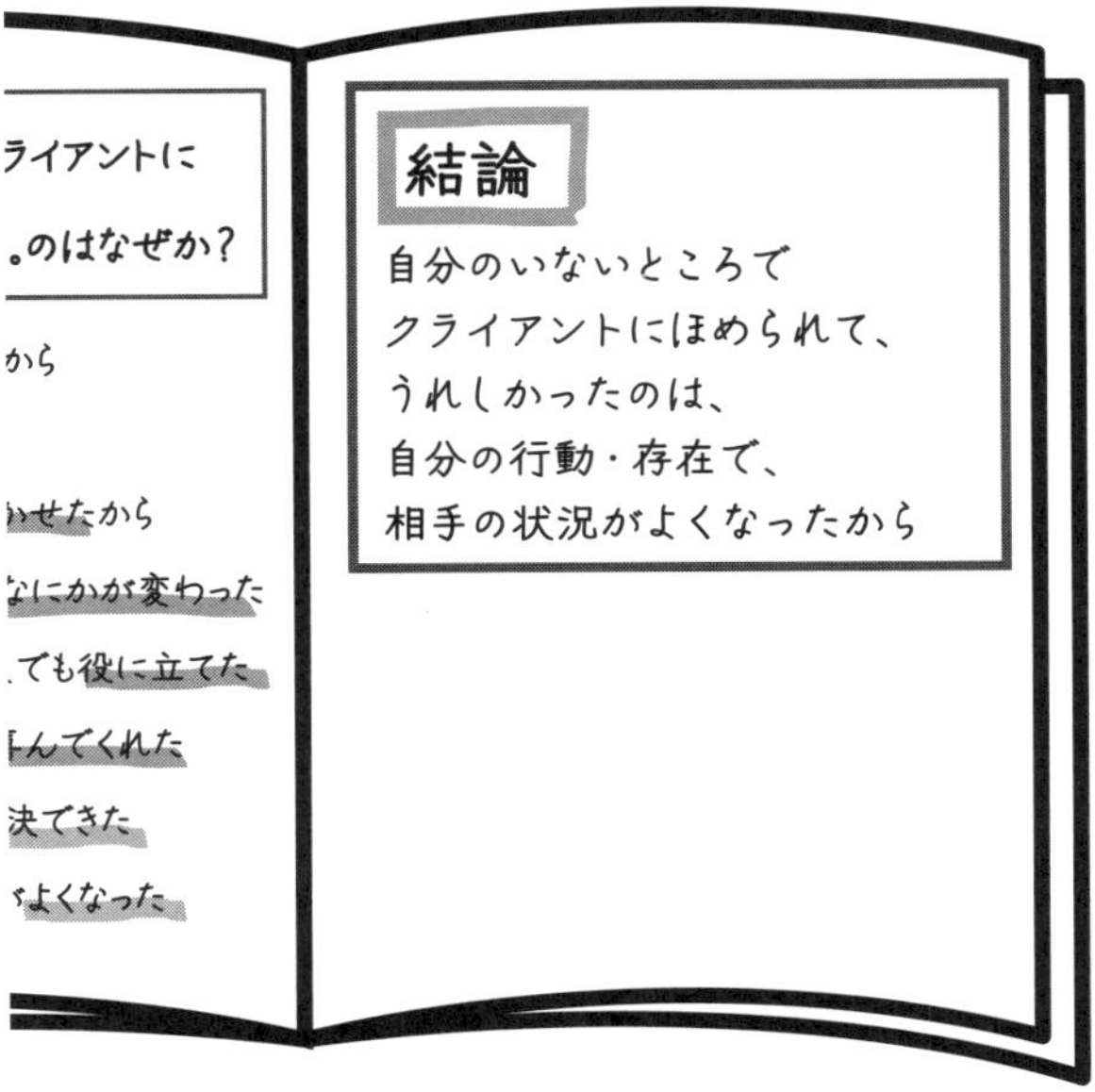
ライアントに
。のはなぜか？
から
かせたから
なにかが変わった
、ても役に立てた
んでくれた
決できた
よくなった
結論
自分のいないところで
クライアントにほめられて、
うれしかったのは、
自分の行動・存在で、
相手の状況がよくなったから

ノートを閉じ、幸せな気分のまま眠りについたKさんでしたが、実は今回、まだ続きがありました。

翌朝、ノートを見返すと、「やっぱり、こっちの言葉のほうが、よりしっくりくるな」と感じて、昨夜の「結論」を書き直すことにしたのです。

BEFORE

結論
自分のいないところでクライアントにほめられて、うれしかったのは、自分の行動・存在で、相手の状況がよくなったから

↓

AFTER

結論
仕事でうれしい瞬間は、自分の関わりで相手が喜んでくれること

Kさん、「言語化ノート術」にすっかり慣れてきたようですね。

特に今回すばらしいのが、夜に一度まとめた「結論」を翌朝見返して、よりしっくりくる表現に書き直しながら、「結論の普遍化」にも取り組んでいる点です。

今回は、Kさんが実践したように、ステップ3で一度まとめた「結論」を書き直すことについて、くわしく見ていきたいと思います。

CHECK 6 わかりやすい表現を意識する

今回、Kさんが「結論」を書き直した過程をあらためて振りかえると、大きく2つのポイントがあることがわかります。

1つ目のポイントは、1日目にお話しした「結論の普遍化」に取り組んでいる点です。

最初にまとめた「結論」は、

BEFORE

結論
自分のいないところでクライアントにほめられて、うれしかったのは、自分の行動・存在で、相手の状況がよくなったから

となっていて、「クライアントにほめられた」という、ある特定のできごとにフォーカスした内容になっていました。

一方、翌朝に書き直した「結論」は、次のように修正されています。

AFTER

結論
仕事でうれしい瞬間は、自分の関わりで相手が喜んでくれること

このほうが、ほかの場面にも応用できる、より広い意味になっています。

「結論の普遍化」によって、「仕事のどんな瞬間にやりがいを感じるか」という自分の仕事観まで言語化されています。


そして、2つ目のポイントは、翌朝に書き直した「結論」のほうが、よりわかりやすい表現になっている点です。

もう一度、前の日の夜に書いた、もともとの「結論」をおさらいしてみます。

今回は特に、マーカーをつけた「結論」の2行目に注目してみてください。

BEFORE

結論

自分のいないところでクライアントにほめられて、うれしかったのは、自分の行動・存在で、相手の状況がよくなったから

2行目の前半に「存在」という言葉が出てきたのは、ステップ2の「ちゃんと認識されていたから」「顔を覚えてもらっている」という言葉に印をつけたからだと思いますが、少しわかりにくい表現になっています。Kさん自身も、翌朝見返して、その点が気になったのではないかと思います。

一方、翌朝に書き直した「結論」は、次のようになっています。

AFTER

結論
仕事でうれしい瞬間は、自分の関わりで相手が喜んでくれること

「結論」の2行目を見てみると、「自分の行動・存在」→「自分の関わり」に表現が変わっています。この「自分の関わり」という言葉は、もともとステップ2で2回出てきていた言葉なので、翌朝見返したとき、やはり「行動」よりも「関わり」のほうが、しっくりきたのでしょう。

さらに、「存在」という言葉が消えています。これは、「自分の関わり」という能動的な言葉のほうが、今後の自分の行動につながると、Kさんが感じたからだと思います。

また、2行目の後半も、「相手の状況がよくなった」→「相手が喜んでくれる」に表現が変わっています。よりイメージしやすく、わかりやすい表現になっていますね。小学生でも、すぐに理解できる表現です。

私自身、コピーを書くときは、とにかく「**わかりやすさ**」を大切にするようにしています。小学生でもわかるだろうか？　もしくは、地方で暮らすおばあちゃんでもわかるだろうか？　いつも、そんなことを意識しながら言葉を探しています。なぜなら、少しでもわかりにくいと、その時点で相手に伝わらないからです。

ぜひ、あなたも「結論」を書き直す際は、「どうすれば、もっとわかりやすい表現になるか」という視点でブラッシュアップしてみてください。

「結論」を書き直すことで、どんどんわかりやすい表現になっていき、自分の頭のなかに覚えやすい明確なフレーズとしてストックされていくでしょう。

実践
4日目

妻のひと言に腹が立った

「言語化ノート術」が役に立つのは、ビジネスの場面だけではありません。プライベートでも、大いに力を発揮します。

家族や友人など、距離の近い人間関係ほど、一度こじれると、やっかいなことになります。モヤモヤの理由を習慣的に言語化しておくことで、未然にトラブルを防ぐことができ、関係も好転していくはずです。

Kさんが今回メモしたのは、妻とのちょっとしたいざこざです。

それでは、Kさんの4日目の実践をいっしょに見ていきましょう。

Kさんは、週2回の燃えるゴミの日は、ゴミを出してから出勤しています。

ゴミ出しのルールは夫婦でちゃんと話しあって決めたわけではなく、いつのころからか、なんとなくKさんが担当のようになっていました。

その日、仕事を終えて帰宅すると、妻が不満そうな顔で「今朝、ゴミを出してなかったよね」と言ってきました。

その言葉にイラッとしたKさんは、思わず「気づいたなら、そっちがやればいいじゃん」と言い返してしまい、一気に険悪なムードに……。

そして、スマホに次のようなメモを残しました（**ステップ1「ためる」**）。

できごと
ゴミ出しのことで妻に文句を言われて
＋
感じたこと
腹が立った。

寝る前になっても、まだモヤモヤしていたKさんは、さきほどのメモの最後に「のはなぜか？」の6文字を足して、問いをつくりました。

Q ゴミ出しのことで妻に文句を言われて腹が立った。のはなぜか？

これをノートの左上に書いて線で囲みました。そして、スマホのストップウォッチ機能を使って3分間はかりながら、問いの下のスペースに頭に浮かんだ言葉を書きだしていきました（**ステップ2「きく」**）。

さらに、その流れで一気に、ノートに書きだした内容から同じ言葉、似た意味の言葉に印をつけて、「結論」をまとめました（**ステップ3「まとめる」**）。

その内容が、次のページです。

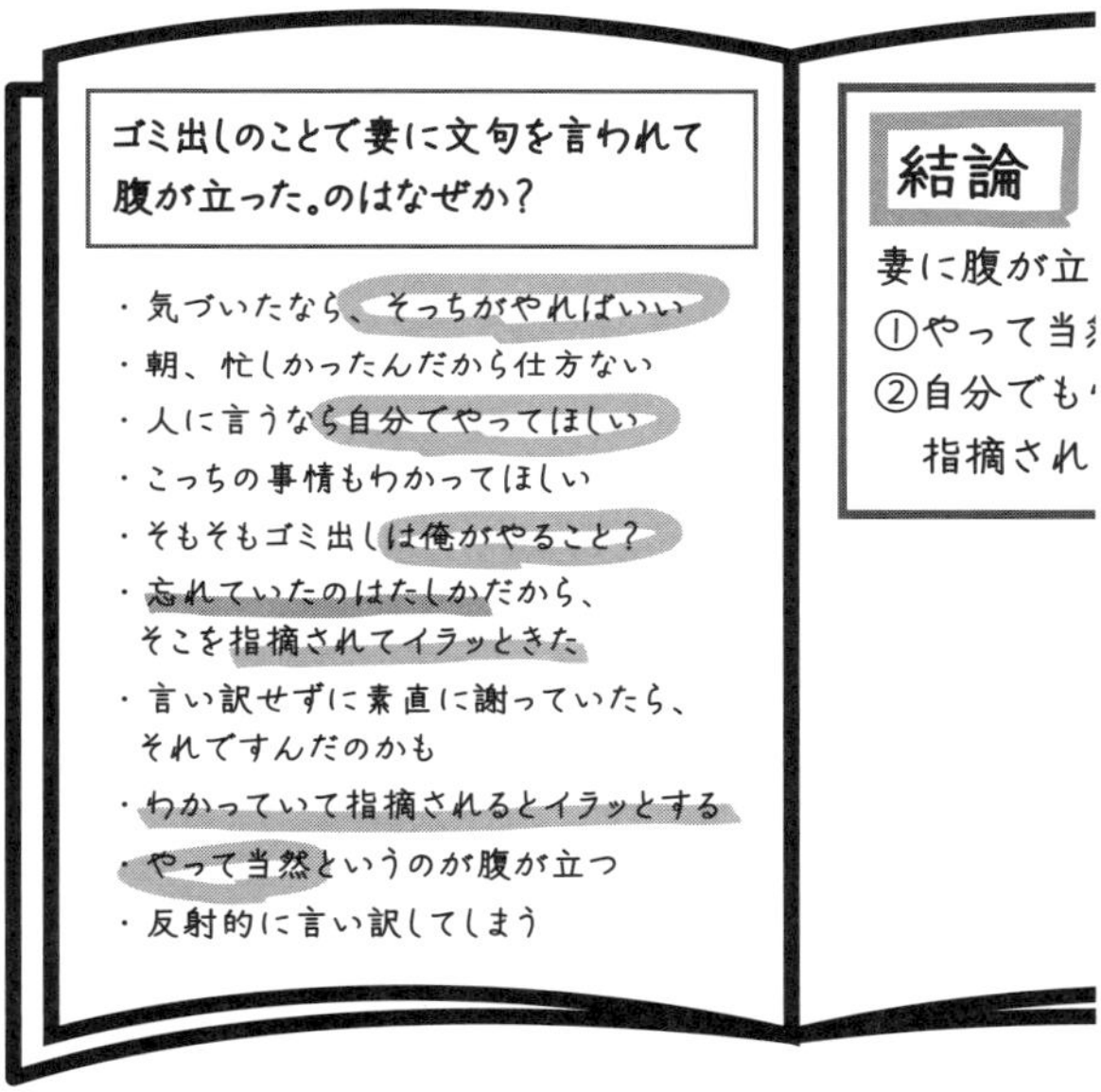
ゴミ出しのことで妻に文句を言われて腹が立った。のはなぜか？
・気づいたなら、そっちがやればいい
・朝、忙しかったんだから仕方ない
・人に言うなら自分でやってほしい
・こっちの事情もわかってほしい
・そもそもゴミ出しは俺がやること？
・忘れていたのはたしかだから、そこを指摘されてイラッときた
・言い訳せずに素直に謝っていたら、それですんだのかも
・わかっていて指摘されるとイラッとする
・やって当然というのが腹が立つ
・反射的に言い訳してしまう
結論

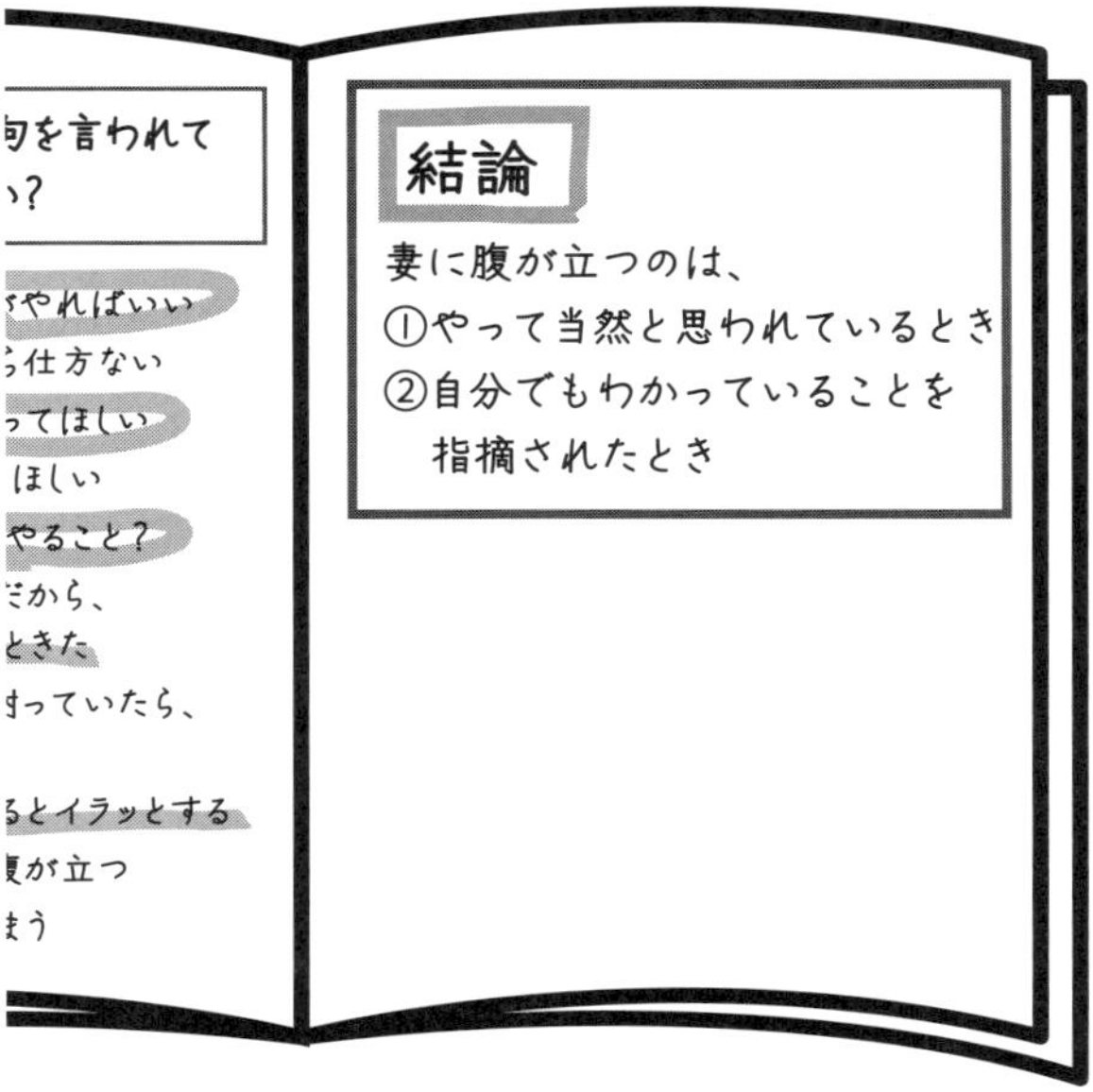
結論
妻に腹が立つのは、
①やって当然と思われているとき
②自分でもわかっていることを指摘されたとき

今回の事例、共感した人も多いのではないでしょうか？

プライベートな人間関係では、おたがいの距離が近いぶん、ときに仕事以上にストレスを抱えることもあります。よく知った仲だからこそ「なんで、わかってくれないの⁉」と感情的になってしまうことも少なくないはずです。

そんなときこそ、言語化です。モヤモヤした思いをノートに書きだすだけで、自分の頭のなかを冷静に整理することができます。

その様子は、まさに今回のKさんのノートを読むとよくわかります。

CHECK 7 ノートを書き進めると「内省」が深まる

あらためて、Kさんがステップ2「きく」で書きだした、問いに対する理由の部分を抜きだしてみましょう。次のページを見てください。

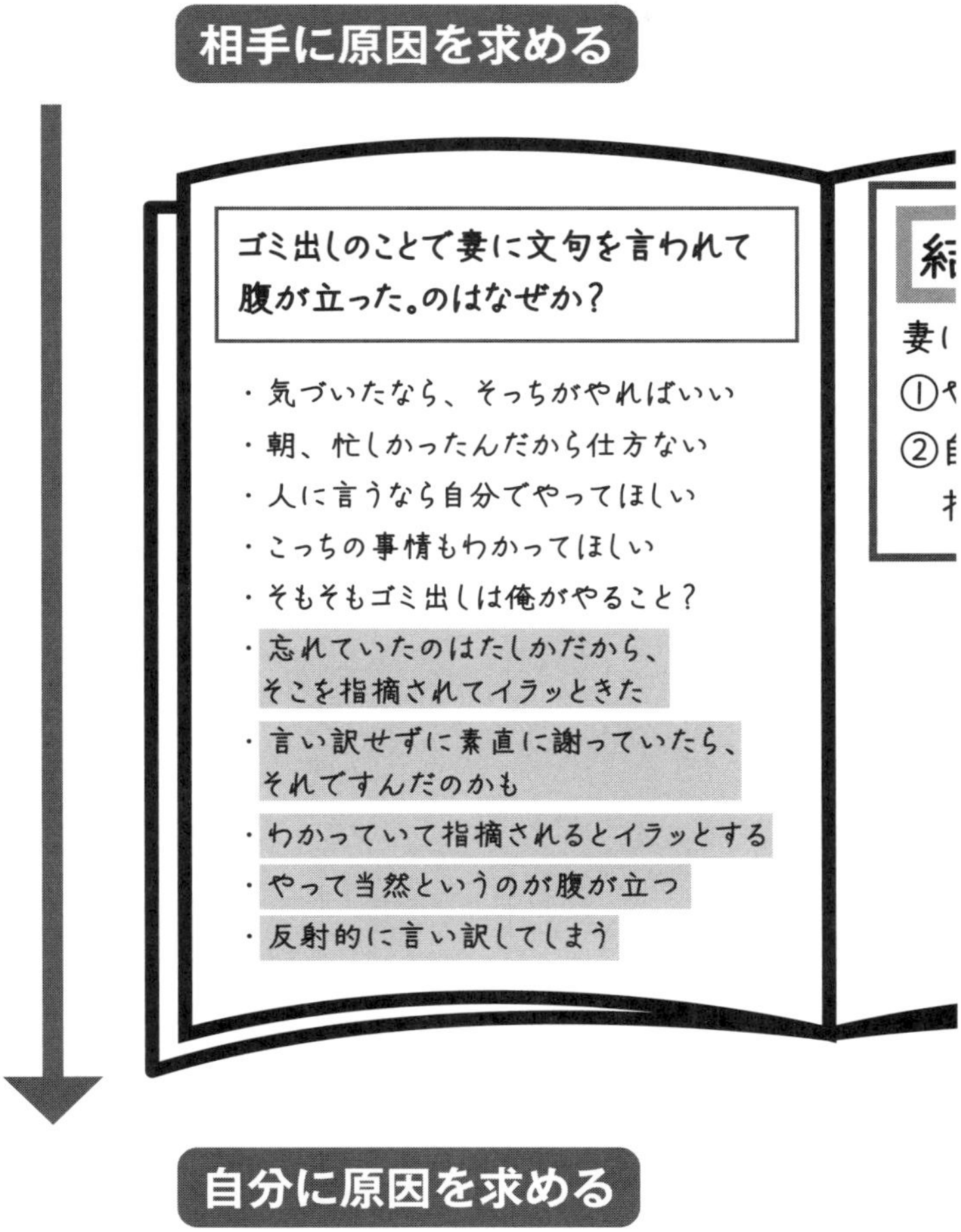
相手に原因を求める
ゴミ出しのことで妻に文句を言われて腹が立った。のはなぜか？
・気づいたなら、そっちがやればいい
・朝、忙しかったんだから仕方ない
・人に言うなら自分でやってほしい
・こっちの事情もわかってほしい
・そもそもゴミ出しは俺がやること？
・忘れていたのはたしかだから、そこを指摘されてイラッときた
・言い訳せずに素直に謝っていたら、それですんだのかも
・わかっていて指摘されるとイラッとする
・やって当然というのが腹が立つ
・反射的に言い訳してしまう
自分に原因を求める

Kさんがノートに書きだした最初のほうは、妻への反論が続いています。ところが、中盤から後半にかけては、腹の立った理由を冷静に考えたり、自分のなかに原因を求めたりする内容に変わっていっています。

これは、ノートを書く3分間で、Kさんの「**内省**」が深まっている証拠です。内省というのは、自分の内側に目を向けて、これまでの言動を振りかえり、新たな気づきを得ることです。自分のいたらなさや間違いに気づくことができ、それらを受け入れることで、次へ進む力をもらえる行為でもあります。

もちろん、100パーセント内省が深まるわけではありませんが、ノートにモヤモヤした思いを書きだすうちに、気持ちが落ちついてきて、少しずつ自分の内側に目が向いていく傾向はあると感じています。

実践 5日目

家族と散歩をして幸せな気分になった

第4章でご紹介する最後の事例です。

「前向きな話で終わりたいなぁ」と勝手に考えていたところ、Kさんから偶然、とてもほっこりする実践事例が送られてきて、思わずうれしくなりました。

今回の言語化のテーマは「何気ない小さな幸せ」です。

日常の小さな幸せについて、「なぜ、自分はそこに幸せを感じるのか」を、あらためて言語化する人は少ないと思います。

私自身は、日常の何気ない小さな幸せについて考えるとき、尊敬する先輩コピーライターがかつて書いたコピーをよく思い出します。それが、次の2つです。

「スイカ1個を食べきれる家族がいた幸福。」
「蚊帳を張るとドキドキした。あれは、家の中のキャンプだった。」

2つとも私の大好きなコピーです。

私たちは、人生の節目の大きなイベントのことはよく覚えていますが、この2つのコピーのような日常のささやかなワンシーンは、気づかずにスルーしてしまうことも多いのではないでしょうか？　日常にも、ずっと忘れたくない小さな幸せがたくさんある。そう思わせてくれる名コピーです。

ぜひ、日常のなかでふと幸せを感じた瞬間にスマホをとりだして、サッとメモしてみてください。そして、あらためて、その理由を言語化してみてください。

きっと、そこには、**あなたが明日からちょっとだけ幸せに生きられるヒントがつまっている**はずです。

前置きが少し長くなってしまいましたが、それでは、Kさんの5日目の実践をいっしょに見ていきましょう。

休日に家族と愛犬の散歩に出かけることが多いKさん。その日は、事前に散歩コースを決めずに、愛犬の気分に任せて散歩をしていました。

そんなとき、ふと「あぁ、この時間、幸せだぁ」と感じたKさんは、サッとスマホをとりだして、次のようなメモをしました（**ステップ1「ためる」**）。

できごと
家族と愛犬の散歩をしているだけで
＋
感じたこと
幸せな気分になった。

Kさんは、その日の寝る前にメモを見返して、今日の幸せな気分を思い出していました。そして、「また、こんな気分になりたいな」と思って、そのメモの最後に「のはなぜか？」の6文字を足して、問いをつくりました。

Q 家族と愛犬の散歩をしているだけで幸せな気分になった。のはなぜか？

これをノートの左上に書いて線で囲みました。そして、スマホのストップウォッチ機能を使って3分間はかりながら、問いの下のスペースに頭に浮かんだ言葉を書きだしていきました（**ステップ2「きく」**）。

さらに、その流れで一気に、ノートに書きだした内容から同じ言葉、似た意味の言葉に印をつけながら、今回の問いに対する自分なりの「結論」をまとめました（**ステップ3「まとめる」**）。もう慣れたものですね。

その内容が、次のページです。

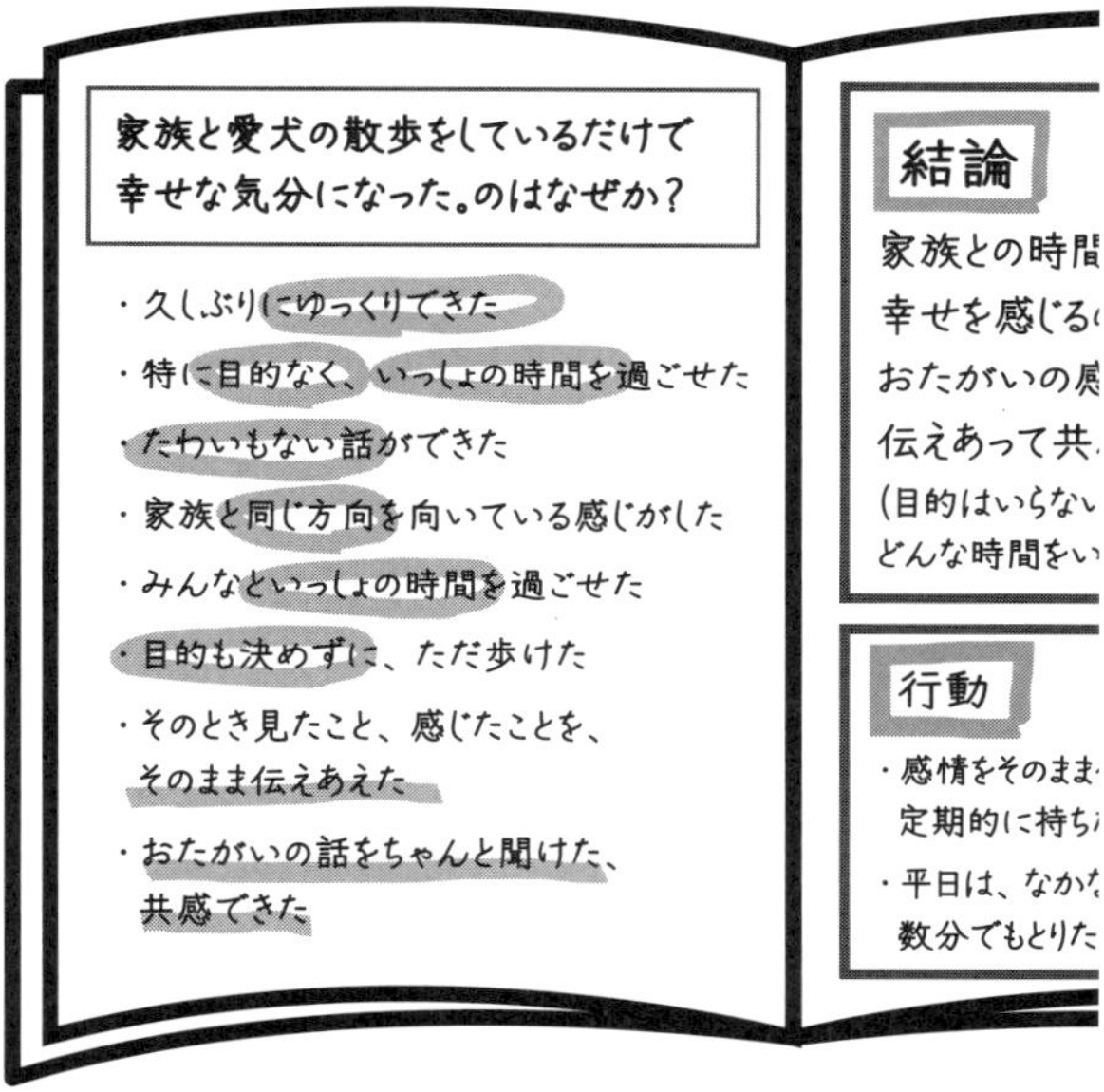
家族と愛犬の散歩をしているだけで
幸せな気分になった。のはなぜか？
・久しぶりにゆっくりできた
・特に目的なく、いっしょの時間を過ごせた
・たわいもない話ができた
・家族と同じ方向を向いている感じがした
・みんなといっしょの時間を過ごせた
・目的も決めずに、ただ歩けた
・そのとき見たこと、感じたことを、
そのまま伝えあえた
・おたがいの話をちゃんと聞けた、
共感できた
結論
家族との時間
幸せを感じる
おたがいの感
伝えあって共
(目的はいらない
どんな時間をい
行動
・平日は、なかな
数分でもとりた

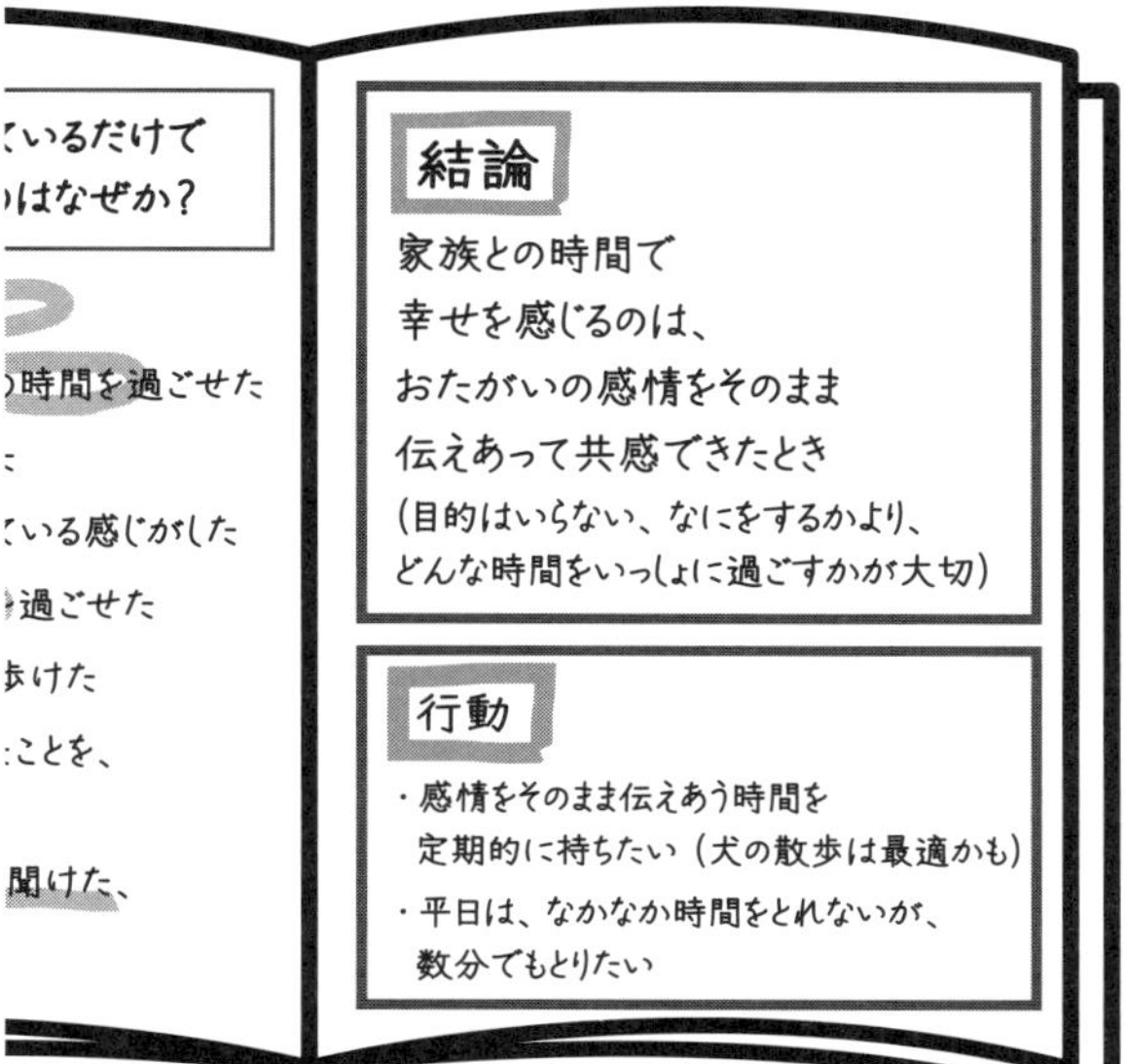
はなぜか？
結論
家族との時間で
幸せを感じるのは、
おたがいの感情をそのまま
伝えあって共感できたとき
(目的はいらない、なにをするかより、
どんな時間をいっしょに過ごすかが大切)
行動
・感情をそのまま伝えあう時間を
定期的に持ちたい（犬の散歩は最適かも）
・平日は、なかなか時間をとれないが、
数分でもとりたい

読んでいるこちらも、思わずほっこりする内容でしたね。このように、日常のなかでふと感じた幸せの理由をあらためて言語化することで、「なんとなく」感じていた幸せが、言葉というかたちになって、自分でも理解できるようになります。

CHECK 8 ノートの「後半」に本質があらわれやすい

今回の事例で注目するのも、ステップ3の「結論」の部分です。あらためて、その部分だけ抜きだしてみましょう。

結論

家族との時間で幸せを感じるのは、おたがいの感情をそのまま伝えあって共感できたとき
（目的はいらない、なにをするかより、どんな時間をいっしょに過ごすかが大切）

まず、「結論」の1行目で「結論の普遍化」が行われています。「家族と愛犬の散歩」という特定のできごとが、「家族との時間」という普遍的な内容へと昇華されています。

とてもいい書き方ですし、Kさんが「言語化ノート術」を習慣化している効果が出ている証拠です。

そして、「家族との時間」について2つの「結論」を書き、1つはかっこ書きにしています。これはKさんにとって、「おたがいの感情をそのまま伝えあって共感できたとき」という表現のほうが、より自分の幸せの本質をあらわすのに近い言葉だと感じたからだと思います。

では、Kさんは、なぜ、そう感じたのでしょうか？

そのヒントは、「結論」に使った言葉を、ステップ2のどこから引っぱってきたかにあります。Kさんは無意識のうちにやっていると思いますが、実は、ノートの「**後半**」に出てきた言葉を使って「結論」をまとめています。

これは、4日目にお話しした「内省」と関係があります。ステップ2「きく」で頭に浮かんだ言葉をノートに書きだすことは、内省の過程そのものです。

つまり、**ノートの後半にいけばいくほど内省が深まって、問いに対する答えの本質に近づいていく可能性が高くなる**のです。

あらためて、これまでの1日目〜4日目の実践事例も読み返していただくとよくわかりますが、Kさんが書いた「結論」のほとんどがノートの後半に出てきた言葉を使ってまとめられています。**言語化されていない自分の思いや意見の本質は、ノートの後半に顔を出すことが多いのです。**

だからこそ、ノートの後半に出てきた印象的な言葉を意識しながら「結論」をまとめると、今の自分にしっくりくる内容に仕上がる可能性が高まります。

これが、ステップ3「まとめる」に、よりスムーズに取り組みやすくなるポイントになるので、ぜひ覚えておいてください。

さらに今回、休日ということもあって、気持ちに余裕があったKさんは、第3章の最後でご紹介したおまけのステップ「そなえる」も実践してくれました。Kさんが言語化した今後の具体的な「行動」を抜きだしてみます。

行動
- **感情をそのまま伝えあう時間を定期的に持ちたい（犬の散歩は最適かも）**
- **平日は、なかなか時間をとれないが、数分でもとりたい**

家族との時間で幸せを感じる理由を言語化できたことで、「家族との時間を定期的に持ちたい」という思いが、Kさんにあらためて生まれたようです。「言語化ノート術」が家族とのよりよい関係につながる、すばらしい事例だと思います。

Kさんのように、もし時間に余裕があれば、ノートの右下段のメモ欄に今後の「行動」まで言語化して書いておくと、次につながりやすくなります。「言語化ノート術」に慣れてきたら、ぜひ実践してもらえたらうれしいです。

以上、Kさんに本書のメソッドを5日間実践してもらった過程を事例にしながら、その実践のポイントをくわしく見てきました。

さぁ、あとは実践あるのみです。本書で身につけた言語化力で、あなたが自信を持って自分の思いや意見を言葉にできる日が来ることを楽しみにしています。

第5章

「言語化体質」になれば、うまくいく

言語化力アップ以外に、あなたに起こるプラスの変化

第4章では、Kさんの実践事例をもとに「言語化ノート術」に取り組むときのポイントと、その効果について、くわしく見てきました。

「言語化ノート術」を日々の習慣にすると、実は、これまでにご紹介した効果以外にも、あなたにプラスの変化が起こります。

本書の最後に、あなたの今後に、どんないいことが起こるかについてお話ししていきましょう。

「プラスの変化って、『言語化ノート術』を実践していけば、言語化がうまくなって、一瞬のうちに思考がまとまるようになるってことじゃないの？」

そう思われるかもしれませんが、半分は正解で、半分は違います。
もちろん、これまで以上に言語化力がアップするのは間違いありません。
ですが、それ以外にも、

①伝え方がうまくなる
②質の高い思考を手に入れる

という、うれしい変化が起こります。
そして、その変化は、あなたの人生を大きく変える可能性があります。

これからあなたに起こる、この2つのプラスの変化をいっしょに見ていきましょう。

プラスの変化①
伝え方がうまくなる

まずは、「言語化ノート術」が、どのように「①伝え方がうまくなる」ことにつながるのか？　そのお話からはじめたいと思います。

そもそも、伝え方とはなんでしょうか？

私は「**伝え方＝どう言うか（How to say）**」だと考えています。

たとえば、伝え方によって相手に与える印象が変わる例として、次のような言いかえのテクニックがよく紹介されます。

例

・この仕事、やっておいて　↓　君にしか頼めない仕事があるんだ
・この企画、全然ダメだよ　↓　こうしたら、もっとよくなるよ
・なんで、できないの？　↓　どこでつまずいたか教えてくれる？

このように「伝え方＝どう言うか（How to say）」のちょっとしたテクニックを身につけることで、自分の思いや意見を相手に理解してもらいやすくなったり、人間関係がスムーズになったりすることは大いにあります。だからこそ、伝え方のテクニックに関する本が、世の中にたくさんあるのでしょう。

一方、本書のテーマである「言語化」とは、いったいなんでしょうか？
私は「**言語化＝なにを言うか（What to say）**」だと考えています。
つまり、言語化と伝え方のテクニックは、根本的に違うものなのです。

ですが、世の中のほとんどの人は、言語化と伝え方を同じものだと考えているように私は感じています。

もし、あなたが「自分の思いや意見を、うまく言葉にできない」と悩んでいるならば、「伝え方＝どう言うか（How to say）」の前に、「言語化＝なにを言うか（What to say）」に、まず取り組んでほしい。

なぜなら、「なにを言うか」という中身が言語化されていない状態で、いくら「どう言うか」という外側を工夫しても、あなたの本当の思いや意見が相手に伝わることはないからです。外側ばかりきれいにしても、中身がないと、すぐにメッキがはがれてしまいます。

これは、たとえるなら、おいしい料理のつくり方に似ています。

いくら有名シェフのおいしいレシピを学んだとしても、使う食材が新鮮でなければ、決しておいしい料理にはならない。それと同じです。

「**伝え方はレシピ、言語化は食材**」

そう考えると、まずは言語化がいかに大切かがわかるはずです。

この点については、前著『瞬時に「言語化できる人」が、うまくいく。』（ＳＢクリエイティブ）で丁寧に解説していますので、ぜひ参考にしてみてください。

「なにを言うか」がわかると「どう言うか」も上達する

本書の「言語化ノート術」は、「言語化＝なにを言うか（What to say）」に取り組むためのメソッドです。

ですが、不思議なことに「言語化ノート術」を習慣化すると、もう一方の「伝え方＝どう言うか（How to say）」の力も自然と向上します。

それは、なぜだと思いますか？

伝え方のテクニックに関する本を読むと、そこに必ずと言っていいほど出てくる話として「**結論から話す**」というものがあります。

普段から意識している人も多いと思いますが、実際に実践できているかと言われたら、あなたはどうでしょうか？

普段の会議の場面を思い出してみてください。

会議であなたに飛んできた質問が、「YES」か「NO」で答えられるタイプのものであれば、なにも問題なく結論から話せるでしょう。

ところが、「最近の10代って、どう思う?」のような、なかなか簡単には答えられない質問が急に飛んできた場合、あなたは瞬時に結論から話せる自信があるでしょうか?


「そうですねぇ……」「いやー難しいですねぇ……」「最近の10代、うーん……」

このように、とりあえずなにかをしゃべりながら、頭のなかを整理したり、考えをまとめたりした経験のある人は、きっと多いと思います。

少し厳しい言い方をすると、そういう返答からはじめてしまっている時点で、すでに結論からは話せていません。伝え方のテクニックを知っていることと、実際に実践できることには、大きな差があるのです。


このように、「○○について、どう思いますか?」と急に意見を聞かれて、瞬時に「私は△△だと思います」と結論から話すのは意外と難しい。結論から話したほうがいいとわかっているのに、実際はできない。

それは、なぜでしょうか？

答えはシンプルで、自分のなかで「結論」がまとまっていないからです。言いかえると、自分の「結論」がひと言で言語化されていないからです。

ここで、本書の「言語化ノート術」を思い出してみてください。

ステップ3「まとめる」で、現時点でのあなたなりの「結論」を言語化して、簡潔にまとめることをやってもらいました。

実は、**この「結論」を相手にそのまま伝えるだけで、自然と「結論から話す」ことになる**、そんなからくりになっています。

「言語化ノート術」を習慣化して、自分なりの「結論」、つまり「なにを言うか」を言語化しておくだけで、結果として「結論から話す」という伝え方も自然とうまくなる。まさに、一石二鳥のメソッドなのです。

継続は言語化力なり

ここで、鋭いあなたは、こんなツッコミを入れるかもしれません。

「事前に『言語化ノート術』で取り組んでいた問いやテーマなら、その場で瞬時に結論から話せるかもしれないけど、一度も考えたことのない問いやテーマについて質問されたら、どうするんだ!?」

たしかに、おっしゃる通りです。

まったく考えたこともない問いやテーマの質問をされたときに、「言語化ノート術」がその場で役に立つかと言われたら、それは少し難しいかもしれません。

だからこそ、私はこの「言語化ノート術」を、**ぜひ習慣化してほしい**、と繰り返しお話ししてきました。

まったく準備していないのに、いきなり本番のテストでいい点数をとれるはずがありません。それと同じで、**言語化力とは日々の準備の積み重ねで決まる。**そう言い切ってもいいと私は考えています。

たまに、どんなことを聞いても瞬時に答えられる人がいますが、それは普段から自然と自問自答して思考を深め、自分の思いや意見を言語化しているからです。

「準備なんてめんどうくさい」と感じるかもしれませんが、だからこそ、1日3分&3ステップでできる、シンプルなメソッドにしています。

1日1メモ。これを1年間続ければ365のメモ。つまり、365の問いに対して自分なりの思いや意見が言語化されていきます。すごい数ですよね。

まさに「**継続は言語化力なり**」です。

さらにつけくわえると、「言語化ノート術」を続けていくにつれて、特に意識しなくても、自然と身のまわりのことから自分に問いを立てて、その理由や結論を言語化する癖が身につきます。

その状態になることを、私は「**言語化体質**」と呼んでいます。

私が20代のころ、会社で尊敬する先輩に、「どうすれば、いいコピーや企画が浮かぶようになりますか？」と質問したことがあります。すると、その先輩は、こう答えてくれました。

「街中で広告を見るたびに、なぜ自分は、その広告をいいと思ったのか？ もしくは、なぜ自分は、その広告をよくないと思ったのか？ その理由を、いちいち言葉にして考えること。さらに、自分がその広告をもっとよくするなら、どうするか？も、いちいち考えることを続けてみるといいよ」
それ以来、先輩のアドバイスを日ごろから実践するようになった私は、ずいぶん

とコピーや企画が浮かびやすくなりました。

この言葉は、今でもとても大切にしています。

ご紹介した私の先輩のアドバイスは、本書の「言語化ノート術」でお伝えしてきたことと本質的には同じです。

自分が体験した「できごと＋感じたこと」に対して、いつも「それは、なぜだろう？」と問いを立てて、自分で自分の話を聞く。そして、自分なりの「結論」や今後の「行動」を言語化しておく。

そうやって、自然と「言語化体質」になれるメソッドといえます。

もし、あなたがそんな体質になることができれば「自分の思いや意見を、うまく言葉にできない」という悩みは、気がつけば消えているはずです。

「言語化体質」を目指して、本書の「言語化ノート術」を、ぜひ活用してみてください。

プラスの変化②
質の高い思考を手に入れる

ここからは、「言語化ノート術」がもたらす、もう1つのプラスの変化「②質の高い思考を手に入れる」について考えてみましょう。

再び、普段の会議の場面を思い出してみてください。

会議中に「それって、具体的には、どういうこと？」と質問された経験はないでしょうか？　もしくは、何枚も資料をつくり、具体的な事例やデータなども使いながら、かなり丁寧に説明したつもりなのに、相手から「要するに、どういうことですか？」と聞かれてしまった経験はないでしょうか？

あなたの発言や説明が「具体性に欠ける」と指摘されたり、「まとまりがない」と思われたりしてしまう。そこには、発言や説明にいたるまでの「**思考の質**」が関係しています。

まずは、「質の高い思考とは、なにか」からいっしょに考えていきましょう。

一般的に、思考の質を高める方法として、「**『具体』↕『抽象』を意識するといい**」とよく言われます。

「具体」とは、ものごとを、より具体的に考える思考のことです。たとえば、あなたが「転職したい」と考えているとしたら、

- **いつまでに転職する？**
- **どの業界や企業に転職する？**
- **転職のためには、なにが必要？**
- **どうやって転職先を見つける？**
- **家族には、どうやって説明する？**

のように、頭のなかで考えたことを実現するために、より具体的に、明確に思考していくイメージです。

一方、「抽象」というのは、ものごとを、より抽象的に、大きく、広くとらえる思考のことです。同じく、あなたが「転職したい」と考えているとしたら、

そもそも、自分はなぜ転職したいのか？
↓
自分の能力が活かされていないと感じるから
↓
そもそも自分の能力って、なんなのか？
↓
人をまとめる力があると思うし、やりがいも感じる
↓
人をまとめる力とは、どういうことか？
↓
モチベーションを上げて同じ方向を向いてもらうこと
↓

人が同じ方向を向くことに、なぜやりがいを感じるのか？
↓
熱量や一体感が生まれて、チームで仕事をやれている充実感がある

のように、自分に問いかけながら思考を深めていくことで、転職はあくまで手段であって、「熱量や一体感のあるチームで仕事をする」ことが本来の目的であるとわかってきます。

さらに、抽象的な思考を通して転職の本来の目的がわかったあとに、それでも転職を選ぶのであれば、今度は「熱量や一体感のあるチームで仕事をする」ために、

・いつまでに転職する？
・どの業界や企業に転職する？
・転職のためには、なにが必要？
・どうやって転職先を見つける？
・家族には、どうやって説明する？

という具体的な思考に再び戻ることで、転職に向けて、より解像度の高い道筋が見えてくるのです。

このように「具体」↕「抽象」を意識することで、あなたの思考の質をより高められるようになります。

すでにお気づきかもしれませんが、この「具体」↕「抽象」思考の過程が、実は「言語化ノート術」の実践過程と、ほぼ同じなのです。

ステップ1「ためる」：「できごと＋感じたこと」をメモする
↓
ステップ2「きく」：頭に浮かんだ言葉をノートに書きだす
↓
ステップ3「まとめる」：現時点での「結論」を1行で書く

この流れは、まさに抽象化そのものです。

さらに、ステップ3でまとめた「結論」をもとに、今後の「行動」まで言語化しておくことは、一度抽象化した思考を、再び具体化する試みといえます。

「言語化ノート術」は、実践するだけで「具体」↕「抽象」思考に取り組むことになり、自然とあなたの思考の質が高まっていくように設計されています。

つまり、このメソッドを習慣化すると、「具体性に欠ける」「まとまりがない」といった指摘を受けることも、確実に減っていくはずです。

あらためて考えると、人間は思考するときに必ず「言葉」を使うので、思考力と言語化力が密接につながっているのは、ある意味、当然です。

言語化力も思考力も身につく、一挙両得、コスパ・タイパ抜群のメソッドになっていることは、ぜひお伝えしておきたいと思います。

言語化力の向上に終わりはない

最後に、この「言語化ノート術」は、「いったい、いつまで続ければいいのか？」という疑問にお答えしておきます。

第1章でも少しお話ししましたが、**「終わりはない」**というのが私の結論です。がっかりさせてしまったら大変申し訳ないのですが、その理由を最後にお話しさせてください。

言語化力は、技術ではなく能力。

私は、そのように考えています。技術なら即効性がありますが、能力というのは時間をかけて身につけるものです。

言いかえると、**やればやったぶんだけ確実に身につく力**です。

言葉に関して、なんの取り柄もなかった私が、約20年、コピーライターを続けられているので、そこは自信を持って、あなたにお伝えできます。


そして、言語化力が、やればやるだけ確実に身につく力ということは、言語化力の向上に終わりはない、つまり「**言語化力は、どこまでも伸ばすことができる**」ということでもあります。


あなたが今後、「言語化ノート術」を習慣化して実践していくなかで、ぜひ大切にしてほしいことがあります。

それは、ある問いに対して、一度、言語化できたからといって、それで満足しないでほしいということです。

あなたの思いや意見は、日々、変わっていきます。

そして、それは、あなた自身が、日々、変わっていることの証《あかし》でもあります。

同じ問いについて繰り返し自分で自分の話を聞いて、あなたの最新版の思いや意見を言語化する習慣を、ぜひ身につけてください。

「あなたという存在は、いつになったら完成するのか?」

もし、そう聞かれたら、あなたはなんと答えますか?

少なくとも、私は明確には答えられません。

そもそも、完成とは一度きりなのでしょうか?

何度だって完成を繰り返してもいいのではないでしょうか?


そして、それはきっと、あなたの思いや意見も同じです。

あなたが言語化した思いや意見は、自分で自分の話を聞いて言語化するたびに何度でも完成する。私は、そう思います。


人は、一生、完成しない。

人は、何度でも、完成する。

だから、言語化にも終わりはない。

おわりに

最近、社内面接を受ける機会がありました。

新卒で今の会社に入社してから一度も転職していない私にとっては、就職活動のとき以来、約20年ぶりの面接でした。

さすがに「少しは面接の準備をしなくては」と思い、本書でご紹介した「言語化ノート術」を使って、自分のこれからの仕事について言語化してみました。

そこで仕事について私なりにまとめた「結論」が、次の一文です。

言葉を使って人の成長を支援する仕事がしたい。

「言葉」と「人の成長」というのは、一見、つながりがないように感じるかもしれません。しかし、コピーライターを約20年やってきて、言葉1つで意識が大きく変わり、人生が好転していく人を数えきれないほど見てきました。

言葉には、言語化には、人を成長させる力がある。

私は、そう信じていますし、本書の「言語化ノート術」を実践してくださるあなたにも、その変化は必ず起こると確信しています。

また、さきほどふれた社内面接をきっかけに、自分のやりたいことが「人の成長を支援する仕事」と言語化されて、ふと両親のことを考えました。

私の両親は、2人とも小学校の教師でした。

夜、両親は子どもの世話や家事を終えると、四畳半ほどのこぢんまりとした部屋の畳の上に座り、アイロン台をテーブル代わりにしながら、家に持ち帰ったテストの解答用紙を広げて、1枚ずつ赤ペンで丁寧に採点していました。

当時は、それが当たり前の光景で特になにも思いませんでしたが、今なら両親はいわゆる「残業」をしていたのだとわかります（とても昔のことなので、きっと今は教師の働き方も変わっていると思います）。

私自身は両親が働く小学校に通ったことはなかったので、実際に両親が子どもたちに教えている姿を見たことは一度もありませんが、教師という仕事や、人になにかを教えること、つまり「教育」が幼いころからとても身近にありました。

今、私はコピーライターとして、企業で講演をしたり、大学でゼミを担当して学生に教えたり、こうやって本を書いたりする立場にあります。教師とはまったく違う世界ではありますが、はからずも、両親が取り組んできた教育にとても近いことをやらせていただいていることに、不思議な運命を感じています。

実は、キャリアコンサルタントが実施するワークショップの1つに、4人1組になって自分の小さいころから現在にいたるまでの、印象に残っているできごとや思いを語りあう、すごろくゲームがあります。

このゲームを実際にやってもらった人に話を聞くと、なぜか「小学生のときのできごとが、大人になった今の自分にいちばん影響を与えている」と感じる人がとても多いそうです。

年齢が変わり、環境が変わり、関わる人がどんどん変わっていっても、自分らしさや自分の本質というものは、小学生のころに見て、聞いて、感じた経験をもとにつくられるものなのかもしれません。

そんなことを考えると、「両親が小学校の教師としてやってきたことは、教え子の人間的な成長に大きな影響を与えていたのかもしれないな」と、あらためて両親への尊敬の念がわいてきました。

私も、本書を通じて、あなたの成長に少しでもお役に立てたなら、これ以上にうれしいことはありません。

最後になりましたが、本書の執筆にあたって本当にたくさんのサポートをしてくださった担当編集者の桑田和也さん、そして、日ごろから応援してくれる家族、親族に心から感謝を伝えたいと思います。

荒木俊哉

２０２４年11月

本文・引用コピー

・四十才は二度目のハタチ。

――伊勢丹　コピーライター 眞木 準

・スイカ1個を食べきれる家族がいた幸福。

・蚊帳を張るとドキドキした。あれは、家の中のキャンプだった。

――東京海上日動サミュエル　コピーライター 岩崎俊一　岡本欣也

装丁：井上新八
装画：秦 透哉
本文イラスト：伊藤ハムスター
本文デザイン：本澤博子
編集担当：桑田和也

〈著者略歴〉
荒木俊哉（あらき しゅんや）
株式会社電通 コピーライター
1980年、宮崎県生まれ。一橋大学卒業後、2005年に電通に入社。営業局を経てクリエイティブ局へ。コピーライターとして、さまざまな商品・企業・団体のブランディングにたずさわり、これまでに手がけたプロジェクト数は100以上、活動は５大陸20カ国以上にのぼる。世界三大広告賞のCannes LionsとThe One Showのダブル入賞をはじめ、ACC賞、TCC新人賞、NIKKEI ADVERTISINGアワード、YOMIURI ADVERTISINGアワード、MAINICHI ADVERTISEMENT DESIGNアワードなど、国内外で20以上のアワードを獲得。広告以外にも、国際的ビッグイベントのコンセプトプランニングや、企業のミッション・ビジョン・バリュー策定のサポートなども行う。一橋大学で広告のゼミ講師を務める。また、国家資格キャリアコンサルタントの資格を持つ。著書にベストセラー『瞬時に「言語化できる人」が、うまくいく。』（SBクリエイティブ）がある。

こうやって頭のなかを言語化する。

2024年12月10日　第１版第１刷発行
2025年５月29日　第１版第10刷発行

著　者　荒木俊哉
発行者　永田貴之
発行所　株式会社ＰＨＰ研究所
東京本部　〒135-8137　江東区豊洲5-6-52
ビジネス・教養出版部　☎03-3520-9615（編集）
普及部　☎03-3520-9630（販売）
京都本部　〒601-8411　京都市南区西九条北ノ内町11
PHP INTERFACE　https://www.php.co.jp/
組　版　株式会社PHPエディターズ・グループ
印刷所　株式会社精興社
製本所　東京美術紙工協業組合

ISBN978-4-569-85822-7